初級テキスト ［改訂版］

プラクティカル中国語

張素芳・許麗・張小鋼 著

白帝社

本テキストの音声について

■本テキストの音声は、白帝社ホームページ内の本テキストのページから、ストリーミングで聞きます。
■本文中の CD マークの箇所が音声提供箇所です。

吹込み：凌慶成、楊晶

https://www.hakuteisha.co.jp/news/n29582.html

※各機器と再生ソフトに関する技術的なご質問は、各メーカーにお願いいたします。
※本テキストと音声は著作権法で保護されています。
※ストリーミングがご不便な場合は実費にて CD をお送りします。下記までご連絡下さい。
（株）白帝社　Tel.03-3986-3271　E-mail:info@hakuteisha.co.jp

前　書

　本書は入門者を対象とする中国語会話のテキストです。全体は24課で構成されています。また3課につき1つのユニットとなっていますので、全部で8つのユニットとなっています。この構成は「プラクティカル」（実践）というコンセプトを反映したものです。

　具体的に言いますと、1課につき本文の会話内容は6句となっていますが、その3句の答えをまとめれば1つのマイストーリーとなっています。そのため、一問一答式の会話にとどまるのではなく、さらに一歩進んでまとまった文も語れるようになります。しかも学生にとって、無理なく暗記し、話しやすい長さです。

　さらに、3課を勉強すれば、3つのマイストーリーになります。この3つのマイストーリーを組み合わせると9句のやや長いマイストーリーとなり、1つのユニットとなります。学生はこの長いマイストーリーを語ることで3課を復習すると同時に、一種の達成感を味わうこともできます。このように学生に興味を持たせながら、次の3課に向かってチャレンジしてもらいます。最終的には1年間の勉強を通じて、8つのユニット、すなわち8つの内容の72句の文が話せるようになります。

　いうまでもなく、「プラクティカル」というコンセプトは会話を中心とする構成だけではなく、あらゆる面に心を配っています。単語については、ピンインと解釈を施したうえ、暗記させるために、書くスペースも用意しました。書き込みによって学生がより確実に単語を覚えることが期待されます。練習問題については、文法事項に対する理解を深めるためにいろんな形の応用問題や聞き取りの問題を用意しました。

　本書の欠点と言えば、マイストーリーとかかわらないいくつかの文法事項を割愛せざるを得ない点にあります。本書は「品ぞろえ」の教科書ではありませんが、実践的中国語会話の授業を実現するための一つの試みには違いありません。もちろん、著者が気づいていない問題点があるかと思われます。それについては、先生方や学習者にご指摘いただければ幸いです。

　本書は原則として1回の授業につき1課を終えるように設定しています。それに加えてユニットが終わるごとにまとめや「マイストーリー」を活用すれば、通年30回〜32回の授業に適しています。

　最後になりますが、この教科書を出版するにあたり、多くの方々にお世話になりました。特に教科書の作成において、白帝社の岸本詩子さんが有意義なご助言やお手伝いをくださいました。ここに深く感謝申し上げます。

2013年10月　著者一同

　[改訂にあたり]　この教科書は出版されて、十年余りになります。この度、若干の問題点を修正して、より使いやすいように『改訂版』を作りました。特に「練習」4については、先生方で質問の例文をご参考に、クラス人数、レベル、学生の習得の状況に応じて、適切な質問を作っていただければ幸いです。

　また本書は、初級の次の段階で、表現力を向上させるテキストとしてお使い頂くこともできます。

2025年1月　著者一同

目次

前書き　　i
中国語とは　　vi

発音篇

1. 単母音と特殊母音　　3
2. 複合母音　　4
3. 子音　　5
4. 声調　　6
5. 鼻母音　　7
6. r化音　　8
7. 軽声　　8
8. 声調変化　　9
9. 中国語発音表　　10
10. あいさつ言葉　　11

本文篇

ユニット1　みなさんよろしく

第一课　　你叫什么名字？ ……………………………………… 15
　　　　　人称代名詞　　名前の聞き方と言い方　　"是"の文
　　　　　疑問文(1)"吗"疑問文　　疑問文(2)疑問詞疑問文

第二课　　你今年多大？ …………………………………………… 19
　　　　　数字の言い方　　年齢の尋ね方　　名詞述語文　　助詞"的"(1)

第三课　　你学习什么？ …………………………………………… 23
　　　　　動詞述語文　　"喜欢"の使い方
　　　　　疑問詞"怎么样"　　形容詞述語文

ユニット1のまとめ　自我介紹 ……………………………………… 27

ユニット2　私の持ち物

第四课	这是什么？	29
	指示代名詞　助詞"的"(2)　疑問詞"什么"	
第五课	这些笔都是你的吗？	33
	副詞"都"　動詞"有"(1)　"都有什么"　副詞"也"	
第六课	你的笔是在哪儿买的？	37
	場所代名詞　時間名詞　前置詞"在"　"是～的"	

ユニット2のまとめ　我的笔 ……………………………………………… 41

ユニット3　私の一日

第七课	你每天早上几点起床？	43
	時刻の言い方と聞き方　"～以后"	
第八课	学校几点上课？	47
	量詞　時点の表現と時量の表現	
第九课	放学以后，你做什么？	51
	助詞"的"(3)　曜日の言い方　補語(1)数量補語	

ユニット3のまとめ　我的一天 ……………………………………………… 55

ユニット4　私の家

第十课	你家在哪儿？	57
	動詞"在"　動詞"有"(2)　"有～，还有～"　前置詞"离"	

第十一课	你家有几口人？	61
	疑問文(3)省略疑問文"呢"　　親族名称	

第十二课	你家有没有宠物？	65
	疑問文(4)反復疑問文　　語気助詞"吧"　　"对～来说"	

ユニット4のまとめ　我的家 ……………………………………………………… 69

ユニット5　私の趣味

第十三课	你的爱好是什么？	71
	助動詞"想"　　連動文　　"因为～，所以～"	

第十四课	你会说汉语吗？	75
	動作の進行を表す"正在"、"在" 助動詞"会"、"能"　　助動詞"应该"	

第十五课	除了汉语，你还想学什么？	79
	前置詞"除了"　　"比如说" 助詞"～啦、～啦"　　助動詞"打算"	

ユニット5のまとめ　我的爱好 …………………………………………………… 83

ユニット6　私の休日

第十六课	暑假你去哪儿了？	85
	助詞"了"(1)　　補語(2)時量補語　　助詞"了"(2)	

第十七课	你们玩儿了多长时间？	89
	前置詞"从～""到～"　　前置詞"给"　　補語(3)方向補語	

第十八课	你买了什么礼物？	93
	補語(4)様態補語　　お金の数え方	

ユニット6のまとめ　我的假日 ----- 97

ユニット7　中国映画

第十九课　　你看过中国电影吗？ ----- 99
　　　　　　　助詞"过"　　動詞"听说"　　動詞の重ね型

第二十课　　这部电影是什么内容？ ----- 103
　　　　　　　助動詞"要"　　"虽然～，但是～"　　"在～上"

第二十一课　这部电影是在哪儿拍的？ ----- 107
　　　　　　　"好像"　　接尾語"～热"　　受身文"被～"

ユニット7のまとめ　中国电影 ----- 111

ユニット8　年越し

第二十二课　新年你打算做什么？ ----- 113
　　　　　　　"快要～了""快～了"　　"和～一起"
　　　　　　　疑問文(5)選択疑問文"还是"

第二十三课　北海道比名古屋冷吧？ ----- 117
　　　　　　　比較の表現"比"　　補語(5)程度補語

第二十四课　你们怎么过新年？ ----- 121
　　　　　　　"一边～，一边～"　　"越来越～"

ユニット8のまとめ　过新年 ----- 125

語句索引　　127
中国語音節表
中国全図

v

中国語とは

1. 中国語は「漢語」である。

　中国は多民族の国家で、56の民族がある。そのうち、漢民族の人口が最も多く、総人口の9割以上を占めている。漢民族が使用している言語は「漢語」（汉语）という。ほかの民族はそれぞれの言語を使用している。たとえば、モンゴル語、ウィグル語、チベット語などがある。少数民族の居住地域では通常漢語とその民族の言語が併用されている。

　「漢語」はまた「普通話」（普通话）ともいう。というのは広大な国土のため、「漢語」にも様々な方言があるからである。大まかに言うと、7つの方言地域があり、①北方方言、②呉方言、③湘方言、④贛方言、⑤客家方言、⑥粤方言、⑦閩方言に分かれている。1955年に全国文字改革会議において北京語音を標準音、北方方言を基礎方言として、「漢語」の標準語を定めたのである。「普通話」はテレビやラジオ放送の標準語として使用するだけではなく、中国のあらゆる少数民族や方言地域で通用する。

　現代の「漢語」は古代の「漢語」と比べ大きく異なっている。日本語には古代の「漢語」が大量に残っているので、学習者はそれを区別しながら勉強しなければならない。たとえば、「走」という文字は現代漢語においては「はしる」ではなく、「あるく」という意味となっている。

2. 「漢語」の発音

　「漢語」は基本的に「1字1音」となっている。すなわち「単音節」が特徴である。さらに声調の抑揚が意味を表すうえで、非常に重要である。「漢語」の声調は4つあり、一般的に「四声」という。「四声」以外にまた「軽声」がある。

　「漢語」の発音を表す手段としてローマ字を使用する「ピンイン」（拼音）がある。「ピンイン」は発音をマスターするために大変重要である。また、電子機器が普及した今日、「ピンイン」は入力の手段として欠かせないものとなっている。

3. 「漢語」の文字

　「漢語」の文字は「漢字」（汉字）という。漢字は「表意文字」、すなわち、意味を表す文字である。漢字の構成は象形、形声、会意、指事、転注、仮借といった6種類に分かれている。漢字の筆画が煩雑なため、1956年に「漢字簡化方案」が公表され、それまでの漢字の筆画が簡略化された。これを「簡体字」（简体字）という。

発音篇

1. 単母音 (6) と特殊母音 (1)

(1) 単母音　　A-02

| a | o | e | i | u | ü |

発音の仕方

- 【a】　口を大きくあけ、息を十分に出して発音する。
- 【o】　唇をまるくして発音する。
- 【e】　a よりやや小さく口をあけ、唇をまるめないで発音する。
- 【i】　e よりやや小さく口をあけ、唇を両側にひくように発音する。
- 【u】　i よりさらに口を小さくし、唇をまるくして発音する。
- 【ü】　唇を突き出し、つぼめて発音する。

表記法

単母音は、一つの母音だけからなっている。単独でも発音することができる。子音を伴わない場合は、下記の通り表記する。

　　i → yi　　u → wu　　ü → yu

(2) 特殊母音　　A-03

| er |

発音の仕方

口の開け方は【e】と同じだが、舌先を巻き上げるように発音する。

発音してみよう。　A-04

　　a　　o　　e　　yi　　wu　　yu　　er

発音編

2. 複合母音 (13) 🔘 A-05

ai	ei	ao	ou	
ia	ie	ua	uo	üe
iao	iou	uai	uei	

📜 表記法

　複合母音は二つあるいは二つ以上の単母音からなっている。単独でも発音することができる。子音を伴わない場合は、下記の通り表記する。

　　ia → ya　　　ie → ye　　　ua → wa　　　uo → wo
　　üe → yue
　　iao → yao　　iou → you　　uai → wai　　uei → wei

☞ 発音してみよう。　🔘 A-06

　　ai　　ei　　ao　　ou
　　ya　　ye　　wa　　wo　　yue
　　yao　　you　　wai　　wei

3. 子音 (21) 　A-07

	無気音	有気音		
唇音(しんおん)	b	p	m	f
舌尖音(ぜっせんおん)	d	t	n	l
舌根音(ぜっこんおん)	g	k	h	
舌面音(ぜつめんおん)	j	q	x	
舌歯音(ぜっしおん)	z	c	s	
そり舌音(じたおん)	zh	ch	sh	r

無気音と有気音

無気音：b d g j z zh（息を抑えて発音する）
有気音：p t k q c ch（息を破裂するように出して発音する）

表記法

(1) 子音は音節の頭につき母音と音節を組み合わせる場合、子音が前で、母音が後ろという順序が原則である。

　　　子音 ＋ 母音 → m ＋ a → ma

(2) j、q、x の後ろに ü を伴う場合、下記の通り表記する。

　　　jü → ju　　qü → qu　　xü → xu

(3) iou と uei が子音と結合するとき、真ん中の o あるいは e は表記しない。

　　　j ＋ iou → jiu　　h ＋ uei → hui

発音してみよう。　A-08

子音は、単独で発音しにくいため、普通、母音をつけて練習する。

　　　bo　po　mo　fo　　de　te　ne　le
　　　ge　ke　he　　　　　ji　qi　xi
　　　zi　ci　si　　　　　zhi　chi　shi　ri

4. 声調 🔊 A-09

中国語は1つの音節に4つの声調があり、これを「四声」という。声調が異なれば、意味が異なる。

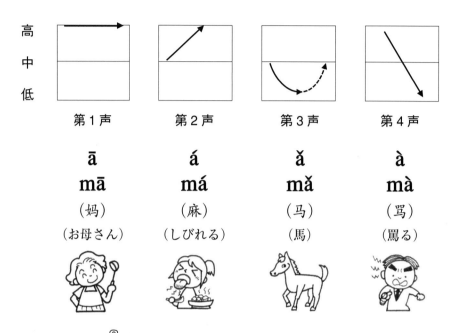

発音の仕方

(1) 第1声　高く平らにのばす。
(2) 第2声　一気に引き上げる。
(3) 第3声　末尾は弱く短く抑える。
(4) 第4声　勢いよく一気に下げる。

声調符号のつけ方

(1) a があれば、a の上に。　　　　　　　māo　　kuài
(2) a がなければ、e か o の上に。　　　　xué　　tōu
(3) iu、ui が並べば、後ろの方に。　　　　jiǔ　　huī
(4) i につける場合、上の点は取る。　　　dì　　shí

☞ 発音してみよう。　🔊 A-10

　　āi　ái　ǎi　ài　　　　　　wēi　wéi　wěi　wèi
　　chī　chí　chǐ　chì　　　　huī　huí　huǐ　huì

5. 鼻母音 (16) 　　●A-11

an	en	ang	eng	ong
ian	in	iang	ing	iong
uan	uen	uang	ueng	
üan	ün			

> 発音の仕方

鼻母音は "-n" あるいは "-ng" を伴う母音である。

"-n" 　舌先を上の歯茎の裏につけ、息を鼻から出すように発音する。

"-ng" 　舌根を上の軟口蓋につけて、息を鼻から出すように発音する。

> 表記法

(1) 子音を伴わない場合、下記の通り表記する。

　　in　→　yin　　　　ian　→　yan

　　ing　→　ying　　　iang →　yang　　　iong → yong

　　uan　→　wan　　　uen　→　wen

　　uang →　wang　　ueng →　weng

　　üan　→　yuan　　ün　→　yun

(2) uen の前に子音が来るときは、un と表記する。

　　kuen → kun

(3) 声調は、"-n" と "-ng" 以外の母音の方につける。

発音してみよう。　●A-12

(1) bàn（半）— bàng（棒）　　(2) nián（年）— niáng（娘）

(3) gēn（根）— gēng（耕）　　(4) lóng（龙）— xióng（熊）

発音編

6. r 化音　　A-13

音節の末尾に"r"がつけられたものを"r化音"といい、簡体字では"儿"、ピンインでは"r"をつけて表す。舌をそり上げて発音する。

huā（花）→ huār（花儿）　　xiǎohái（小孩）→ xiǎoháir（小孩儿）
wán（玩）→ wánr（玩儿）　　yìdiǎn（一点）→ yìdiǎnr（一点儿）

☞ 発音してみよう。　　A-14
(1) bǎobèir（宝贝儿）　　(2) liáotiānr（聊天儿）
(3) chàng gēr（唱歌儿）　　(4) xióngmāor（熊猫儿）

7. 軽　声　　A-15

本来の声調を失い、軽く短く発音される音節のことを「軽声」という。軽声には声調符号をつけない。

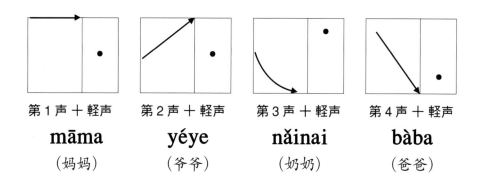

第1声＋軽声　　第2声＋軽声　　第3声＋軽声　　第4声＋軽声
　　māma　　　　　yéye　　　　　nǎinai　　　　　bàba
　　（妈妈）　　　（爷爷）　　　（奶奶）　　　（爸爸）

☞ 発音してみよう。　　A-16
(1) jiějie（姐姐）　　(2) gēge（哥哥）
(3) dìdi（弟弟）　　(4) mèimei（妹妹）
(5) jiǎozi（饺子）　　(6) mántou（馒头）

8. 声調変化

(1) 第3声の声調変化　🔘 A-17

第3声が2つ連続する場合は、前の第3声を第2声に変調して発音する。表記は変調前の声調のままである。

| 第3声＋第3声　→　第2声＋第3声 | Nǐ hǎo → Ní hǎo（你好） |

(2) "不 bù" の声調変化　🔘 A-18

"不" は、後ろに第4声が続くとき、第2声に変調する。これ以外の場合は変調しない。本書では、変調後の声調で表記する。

| bù ＋ 第4声　→　bú ＋ 第4声 | bú shì（不是） |

(3) "一 yī" の声調変化　🔘 A-19

"一 yī" は、その後に続く音節が第4声の場合は、第2声に変調する。その後に続く音節が第1声、第2声、第3声の場合は、第4声に変調する。ただし、"一" を単独で読むとき、人名に使われるとき、あるいは年号・日付・序数や単語の語尾のときに変調しない。本書では声調は、変調後の声調で表記する。

yī ＋ 第1声　→　yì ＋ 第1声	yìqiān（一千）
yī ＋ 第2声　→　yì ＋ 第2声	yìnián（一年）
yī ＋ 第3声　→　yì ＋ 第3声	yìbǎi（一百）
yī ＋ 第4声　→　yí ＋ 第4声	yíwàn（一万）

☞ 発音してみよう。　🔘 A-20

(1) yǒuhǎo（友好）　　shǒubiǎo（手表）　　Nǐ zǎo（你早）

(2) bù tīng（不听）　　bù yuǎn（不远）　　bú lèi（不累）

(3) yì tiān（一天）　　yì tái（一台）　　yí cì（一次）

発音編

9. 中国語発音表

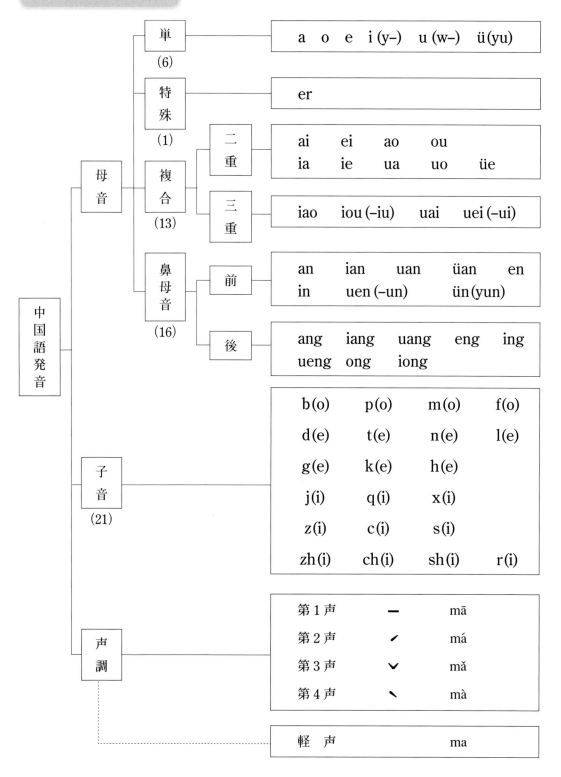

10. あいさつ言葉 🔊 A-21

発音編

1. Nǐ hǎo!
   你好！　　　（こんにちは）

2. Zǎoshang hǎo!
   早上 好！　　（おはようございます）

3. Wǎn'ān!
   晚安！　　　（お休みなさい）

4. Zàijiàn!
   再见！　　　（さようなら）

5. Xièxie.
   谢谢。　　　（ありがとうございます）

6. Bú kèqi.
   不 客气。　　（どういたしまして）

7. Duìbuqǐ.
   对不起。　　（ごめんなさい）

8. Méi guānxi.
   没 关系。　　（かまいません）

9. Chū cì jiànmiàn.
   初 次 见面。　（はじめまして）

10. Qǐng duō guānzhào.
    请 多 关照。　（どうぞよろしくお願いします）

本文篇

品詞の略語

名	名詞	代	代名詞	疑	疑問詞
動	動詞	助動	助動詞	形	形容詞
副	副詞	数	数詞	量	量詞
前	前置詞	接	接続詞	助	助詞
接尾	接尾語				

第一课 Dì yī kè   你叫什么名字? Nǐ jiào shénme míngzi?

新出語句　🔊 A-22

先生の発音を聞きながら、ピンインと簡体字を書きましょう。

1. 你　nǐ　代　あなた
2. 叫　jiào　動　～という名前だ
3. 什么　shénme　疑　何、どんな
4. 名字　míngzi　名　名前
5. 我　wǒ　代　私
6. 田中百合子　Tiánzhōng Bǎihézǐ　田中百合子
7. 是　shì　動　～だ
8. 哪国人　nǎ guó rén　疑　どの国の人
9. 日本人　Rìběnrén　名　日本人
10. 大学生　dàxuéshēng　名　大学生
11. 吗　ma　助　～か

関連語句　🔊 A-23

中国 Zhōngguó（中国）
美国 Měiguó（アメリカ）
英国 Yīngguó（イギリス）
法国 Fǎguó（フランス）

小学生 xiǎoxuéshēng（小学生）
中学生 zhōngxuéshēng（中学生）
留学生 liúxuéshēng（留学生）
老师 lǎoshī（先生）

本 文   A-24

A： Nǐ jiào shénme míngzi?
你 叫 什么 名字？

B： Wǒ jiào Tiánzhōng Bǎihézǐ.
我 叫 田中 百合子。

A： Nǐ shì nǎ guó rén?
你 是 哪 国 人？

B： Wǒ shì Rìběnrén.
我 是 日本人。

A： Nǐ shì dàxuéshēng ma?
你 是 大学生 吗？

B： Wǒ shì dàxuéshēng.
我 是 大学生。

ポイント 🔊 A-25

1. 人称代名詞

	第一人称	第二人称	第三人称			疑問詞
単数	wǒ 我(私)	nǐ　nín 你　您(あなた)	tā 他(彼)	tā 她(彼女)	tā 它(それ)	shéi 谁(だれ)
複数	wǒmen 我们(私達)	nǐmen 你们(あなた達)	tāmen 他们(彼ら)	tāmen 她们(彼女達)	tāmen 它们(それら)	

注： ① "您"は"你"の敬語。複数形はない。
　　 ② 第三人称の"它"は、人以外の動物、物などに使う。
　　 ③ 疑問詞"谁"に複数形はない。

2. 名前の聞き方と言い方

Nǐ xìng shénme?　　　　　　　Wǒ xìng Zuǒténg.
你 姓 什么？　　——　　我 姓 佐藤。

（姓：～という苗字）

Nǐ jiào shénme míngzi?　　　　Wǒ jiào Zuǒténg Měixiāng.
你 叫 什么 名字？　——　　我 叫 佐藤 美香。

注："姓"の場合は苗字で、"叫"の場合は名前かフルネームで答える。

3. "是"の文

| 主語 + 是 / 不是 + 目的語 |　（～は～だ／ではない）

Wǒ shì Rìběnrén.　　　　　　Tā bú shì dàxuéshēng.
我 是 日本人。　　　　　　他 不 是 大学生。

（不：否定を表す）

4. 疑問文（1）"吗"疑問文

Nǐ shì liúxuéshēng ma?　　　　Tā shì Zhōngguórén ma?
你 是 留学生 吗？　　　　　她 是 中国人 吗？

5. 疑問文（2）疑問詞疑問文

Nǐ shì nǎ guó rén?　　　　　　Tā shì shéi?
你 是 哪 国 人？　　　　　　她 是 谁？

練 習

1. 次のピンインを簡体字に書き直したうえで、暗誦しなさい。

    (1) Wǒ jiào Tiánzhōng Bǎihézǐ.

    (2) Wǒ shì Rìběnrén.

    (3) Wǒ shì dàxuéshēng.

2. 次の文を否定文と疑問文に直しなさい。

    (1) 她是佐藤美香。　（否定文）
    　　　　　　　　　（疑問文）

    (2) 他是法国人。　（否定文）
    　　　　　　　　（疑問文）

    (3) 我们是大学生。　（否定文）
    　　　　　　　　　（疑問文）

3. 次の日本語を中国語に訳しなさい。

    (1) 彼女は中国人です。彼女は留学生です。

    (2) 彼はアメリカ人です。彼は先生です。

    (3) 私は田中という苗字です。

4. 質問を書き取って、中国語で答えなさい。　A-26

    (1)

    (2)

    (3)

第二课 Dì èr kè 你 今年 多大？ Nǐ jīnnián duōdà?

新出語句 A-27

先生の発音を聞きながら、ピンインと簡体字を書きましょう。

1.	今年	jīnnián	名	今年
2.	多大	duōdà	疑	何歳、どれくらい
3.	岁	suì	量	〜歳
4.	几	jǐ	疑	幾つ
5.	年级	niánjí	名	学年
6.	的	de	助	〜の
7.	专业	zhuānyè	名	専攻、専門
8.	汉语	Hànyǔ	名	中国語

関連語句 A-28

日语 Rìyǔ（日本語）
英语 Yīngyǔ（英語）
韩语 Hányǔ（韓国語）
法语 Fǎyǔ（フランス語）
法律 fǎlǜ（法律）
文学 wénxué（文学）
物理 wùlǐ（物理）

环境 huánjìng（環境）
信息 xìnxī（情報）
建筑 jiànzhù（建築）
数学 shùxué（数学）
化学 huàxué（化学）
生物 shēngwù（生物）
计算机 jìsuànjī（コンピューター）

本文　　🔊 A-29

A： Nǐ jīnnián duōdà?
　　你 今年 多大？

B： Wǒ jīnnián shíbā suì.
　　我 今年 十八 岁。

A： Nǐ jǐ niánjí?
　　你 几 年级？

B： Wǒ yī niánjí.
　　我 一 年级。

A： Nǐ de zhuānyè shì shénme?
　　你 的 专业 是 什么？

B： Wǒ de zhuānyè shì Hànyǔ.
　　我 的 专业 是 汉语。

ポイント　A-30

1. 数字の言い方

líng	yī	èr	sān	sì	wǔ	liù	qī	bā	jiǔ	shí
零	一	二	三	四	五	六	七	八	九	十

shíyī	shí'èr	shísān	…	èrshí	èrshiyī	…	sānshí	sìshí	…
十一	十二	十三	…	二十	二十一	…	三十	四十	…

yìbǎi	yìbǎi líng yī	yìbǎi yīshí	(yìbǎi yī)	yìqiān	yíwàn	yíyì
一百	一百 零 一	一百 一十	（一百 一）	一千	一万	一亿

2. 年齢の尋ね方

Nín duōdà suìshu?
您 多大 岁数？ （岁数：年齢） （目上の人・年配者に聞く場合に使う）

Nǐ duōdà?
你 多大？ （同年代の人に聞く場合に使う）

Nǐ jǐ suì?
你 几 岁？ （小さい子供に聞く場合に使う）

3. 名詞述語文

時間、年齢、学年、数量などを表す場合、名詞や名詞句等が直接述語になる文を名詞述語文と言う。ただし、否定文の場合は"不是"を使う。

Wǒ yī niánjí.　　　　　Tā bú shì èrshí suì.
我 一 年级。　　　　　他 不 是 二十 岁。

4. 助詞 "的"（1）

名詞 + 的 + 名詞　　（〜の〜）

nǐ de zhuānyè　　　　　Rìběn de dàxuéshēng
你 的 专业　　　　　　日本 的 大学生

注：① 人称代名詞が家族や人間関係・所属集団名の前に来る場合、"的"は省略してよい。

wǒ bàba　　　　　　wǒmen xuéxiào
我 爸爸（私の父）　　我们 学校（私たちの学校）

② "的"の後に来る名詞が何であるか前後関係からわかる場合は省略できる。

Tā shì wǒmen xuéxiào de liúxuéshēng.　　Tā shì wǒmen xuéxiào de.
他 是 我们 学校 的 留学生。　　→　　他 是 我们 学校 的。

練習

1. 次のピンインを簡体字に書き直したうえで、暗誦しなさい。

    (1) Wǒ jīnnián shíbā suì.

    _____

    (2) Wǒ yī niánjí.

    _____

    (3) Wǒ de zhuānyè shì Hànyǔ.

    _____

2. 次の数字を発音してみなさい。

    (1) 四是四，十是十。

    (2) 十四是十四，四十是四十。

    (3) 四十四是四十四。

3. 次の日本語を中国語に訳しなさい。

    (1) 私は16歳ではありません。

    _____

    (2) 私の専門はフランス語です。

    _____

    (3) 彼は大学生です。彼は18歳です。

    _____

4. 質問を書き取って、中国語で答えなさい。　　A-31

    (1) _____

    (2) _____

    (3) _____

第三课 Dì sān kè | 你 学习 什么? Nǐ xuéxí shénme?

新出語句 A-32

先生の発音を聞きながら、ピンインと簡体字を書きましょう。

1. 学习　　xuéxí　　　　名　勉強、学習
                              動　勉強する、学ぶ

2. 喜欢　　xǐhuan　　　　動　好きだ、好む

3. 发音　　fāyīn　　　　　名　発音

4. 怎么样　zěnmeyàng　　疑　どう、いかが

5. 很　　　hěn　　　　　　副　とても

6. 好听　　hǎotīng　　　　形　（声や音などが）きれいだ

関連語句 A-33

樱花 yīnghuā（桜）
熊猫 xióngmāo（パンダ）
红茶 hóngchá（紅茶）
咖啡 kāfēi（コーヒー）
点心 diǎnxin（お菓子）
蛋糕 dàngāo（ケーキ）
音乐 yīnyuè（音楽）

吃 chī（食べる）
好吃 hǎochī（〔食べ物が〕美味しい）
喝 hē（飲む）
好喝 hǎohē（〔飲み物が〕美味しい）
看 kàn（見る、読む）
好看 hǎokàn（美しい）
听 tīng（聞く）

本文 🔘 A-34

A： Nǐ xuéxí shénme?
你 学习 什么？

B： Wǒ xuéxí Hànyǔ.
我 学习 汉语。

A： Nǐ xǐhuan xuéxí Hànyǔ ma?
你 喜欢 学习 汉语 吗？

B： Wǒ xǐhuan xuéxí Hànyǔ.
我 喜欢 学习 汉语。

A： Hànyǔ de fāyīn zěnmeyàng?
汉语 的 发音 怎么样？

B： Hànyǔ de fāyīn hěn hǎotīng.
汉语 的 发音 很 好听。

ポイント　●A-35

1. 動詞述語文

> 主語＋述語（動詞）＋（目的語）

Wǒ xuéxí Hànyǔ.
我 学习 汉语。

Tā bù xuéxí Hányǔ.
他 不 学习 韩语。

2. "喜欢"の使い方

> 主語＋喜欢／不喜欢＋（目的語）　　（〜が好きだ／好きではない）

Wǒ xǐhuan xióngmāo.
我 喜欢 熊猫。

Wǒ bù xǐhuan diǎnxin.
我 不 喜欢 点心。

> 主語＋喜欢／不喜欢＋動詞＋（目的語）　（〜するのが好きだ／好きではない）

Wǒ xǐhuan xuéxí Fǎyǔ.
我 喜欢 学习 法语。

Wǒ bù xǐhuan hē kāfēi.
我 不 喜欢 喝 咖啡。

3. 疑問詞"怎么样"（どうか、いかがですか）

Hànyǔ de fāyīn zěnmeyàng?
汉语 的 发音 怎么样？

Yīngguó de hóngchá zěnmeyàng?
英国 的 红茶 怎么样？

4. 形容詞述語文

> 主語＋述語（形容詞）

Yīngguó de hóngchá hěn hǎohē.
英国 的 红茶 很 好喝。

Tā de fāyīn bù hǎotīng.
他 的 发音 不 好听。

注：形容詞述語文には通常"很"が必要である。ただし、肯定文では"很"は強く発音しない限り、「とても」の意味は薄い。

練習

1. 次のピンインを簡体字に書き直したうえで、暗誦しなさい。

    (1)　Wǒ xuéxí Hànyǔ.

    ---

    (2)　Wǒ xǐhuan xuéxí Hànyǔ.

    ---

    (3)　Hànyǔ de fāyīn hěn hǎotīng.

    ---

2. 次の語を正しい順に並べ替え、日本語に訳しなさい。

    (1)　汉语・我・发音・喜欢・的

    ---

    (2)　樱花・很・日本・的・好看

    ---

    (3)　喝・喜欢・我・不・咖啡

    ---

3. 次の日本語を中国語に訳しなさい。

    (1)　フランス語はどうですか。

    ---

    (2)　田中さんは何を勉強するのが好きですか。

    ---

    (3)　中国のお菓子はとても美味しいです。

    ---

4. 質問を書き取って、中国語で答えなさい。　　A-36

    (1)　_____

    (2)　_____

    (3)　_____

ユニット1のまとめ

A-37 ゆっくり
A-38 ふつう

Zìwǒ　　jièshào
自我　介绍

1. 我叫田中百合子。

2. 我是日本人。

3. 我是大学生。

4. 我今年十八岁。

5. 我一年级。

6. 我的专业是汉语。

7. 我学习汉语。

8. 我喜欢学习汉语。

9. 汉语的发音很好听。

チャレンジ！
☐ 1.発音練習　（→ 各課本文 B）
☐ 2.暗記

マイストーリー

マイストーリー

"自我介紹"を書きなさい。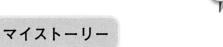

第四课 Dì sì kè | 这是什么? Zhè shì shénme?

新出語句　🅐A-39

先生の発音を聞きながら、ピンインと簡体字を書きましょう。

1. 这　　zhè　　　代　　これ
2. 笔　　bǐ　　　 名　　ペン
3. 谁　　shéi　　 疑　　だれ
4. 颜色　yánsè　　名　　色
5. 红　　hóng　　 形　　赤い

関連語句　🅐A-40

衣服 yīfu（洋服）
裤子 kùzi（ズボン）
裙子 qúnzi（スカート）
衬衫 chènshān（シャツ）
毛衣 máoyī（セーター）
围巾 wéijīn（マフラー）
手绢 shǒujuàn（ハンカチ）
课本 kèběn（教科書）
词典 cídiǎn（辞書）

白 bái（白い）
黑 hēi（黒い）
蓝 lán（青い）
粉 fěn（ピンクの）
黄 huáng（黄色い）
绿 lǜ（緑の）
紫 zǐ（紫の）
灰 huī（灰色の）
橙 chéng（オレンジ色の）

本文　　🔘 A-41

A：　Zhè shì shénme?
　　　这 是 什么？

B：　Zhè shì bǐ.
　　　这 是 笔。

A：　Zhè shì shéi de bǐ?
　　　这 是 谁 的 笔？

B：　Zhè shì wǒ de bǐ.
　　　这 是 我 的 笔。

A：　Nǐ de bǐ shì shénme yánsè?
　　　你 的 笔 是 什么 颜色？

B：　Wǒ de bǐ shì hóng de.
　　　我 的 笔 是 红 的。

ポイント　◎A-42

1. 指示代名詞

	近称	中称／遠称	疑問詞
単数	zhè 这（これ） zhège 这个（これ、この）	nà 那（それ、あれ） nàge 那个（それ、その／あれ、あの）	nǎ 哪（どれ） nǎge 哪个（どれ、どの）
複数	zhèxiē 这些（これら／これらの）	nàxiē 那些（それら／それらの あれら／あれらの）	nǎxiē 哪些（どれら／どれらの）

注："这、那、哪"は、普通単独では目的語になれない。
　　×我喜欢这。　○我喜欢这个。

2. 助詞 "的"（2）

| 形容詞 + 的 + 名詞 |　　（～の～）

hǎokàn de yīfu　　　　　hǎohē de hóngchá
好看　的　衣服　　　　好喝　的　红茶

注：話題が分かる場合、"的"の後ろの名詞が省略されることもある。
　　Wǒ de bǐ shì hóng de.
　　我 的 笔 是 红 的。

3. 疑問詞 "什么"（なに、どんな、なんの）

| 什么 + 名詞 |

Zhè shì shénme kāfēi?　　　　Zhè shì shénme yánsè?
这　是　什么　咖啡？　　　　这　是　什么　颜色？

Nà shì shénme kèběn?　　　　Tā jiào shénme míngzi?
那　是　什么　课本？　　　　她　叫　什么　名字？

注："什么"と名詞の間に"的"は要らない。

練 習

1. 次のピンインを簡体字に書き直したうえで、暗誦しなさい。

    （1） Zhè shì bǐ.

    （2） Zhè shì wǒ de bǐ.

    （3） Wǒ de bǐ shì hóng de.

2. 空欄に簡体字を書き入れ、さらに日本語に訳しなさい。

    （1） 这（　　　）我的笔。

    （2） 我（　　　）衣服是白的。

    （3） 你的手绢是（　　　　）颜色？

3. 次の日本語を中国語に訳しなさい。

    （1） あなたはなんの音楽が好きですか。

    （2） このきれいなスカートは私のです。

    （3） 私のセーターは赤いのではなく、黄色のです。

4. 質問を書き取って、中国語で答えなさい。　　A-43

    （1）

    （2）

    （3）

第五课 Dì wǔ kè | Zhèxiē bǐ dōu shì nǐ de ma? 这些笔都是你的吗?

新出語句　●A-44

先生の発音を聞きながら、ピンインと簡体字を書きましょう。

1. 这些　zhèxiē　代　これら、これらの
2. 都　dōu　副　みんな、全部
3. 不　bù　副　否定を表す
4. 有　yǒu　動　〜を持っている
5. 也　yě　副　〜も
6. 黑　hēi　形　黒い

関連語句　●A-45

铅笔 qiānbǐ（鉛筆）
圆珠笔 yuánzhūbǐ（ボールペン）
橡皮 xiàngpí（消しゴム）
记事本 jìshìběn（手帳）
书包 shūbāo（かばん）
钱包 qiánbāo（財布）
雨伞 yǔsǎn（雨傘）

眼镜 yǎnjìng（眼鏡）
手机 shǒujī（携帯電話）
手表 shǒubiǎo（腕時計）
电脑 diànnǎo（パソコン）
电视 diànshì（テレビ）
电话 diànhuà（電話）
照相机 zhàoxiàngjī（カメラ）

本文 🔊 A-46

A: Zhèxiē bǐ dōu shì nǐ de ma?
这些笔都是你的吗?

B: Zhèxiē bǐ dōu shì wǒ de.
这些笔都是我的。

A: Nǐ de bǐ dōu shì hóng de ma?
你的笔都是红的吗?

B: Wǒ de bǐ bù dōu shì hóng de.
我的笔不都是红的。

A: Nǐ dōu yǒu shénme yánsè de bǐ?
你都有什么颜色的笔?

B: Wǒ yǒu hóng de, yě yǒu hēi de.
我有红的,也有黑的。

ポイント ●A-47

1. 副詞 "都"（みんな、全部、すべて）

(1) 　都 + 述語（動詞／形容詞）

Tāmen dōu shì lǎoshī.
他们 都 是 老师。

Zhèxiē diǎnxin dōu hǎochī.
这些 点心 都 好吃。

(2) 　都不 + 述語（動詞／形容詞）　（全部否定）

Tāmen dōu bú shì lǎoshī.
他们 都 不 是 老师。

Zhèxiē diǎnxin dōu bù hǎochī.
这些 点心 都 不 好吃。

(3) 　不都 + 述語（動詞／形容詞）　（部分否定）

Tāmen bù dōu shì lǎoshī.
他们 不 都 是 老师。

Zhèxiē diǎnxin bù dōu hǎochī.
这些 点心 不 都 好吃。

2. 動詞 "有"（1）（所有を表す）

主語 + 有／没有 + 目的語　（～は～を持っている／持っていない）

Wǒ yǒu shǒujī.
我 有 手机。

Tā méiyǒu diànnǎo.
她 没有 电脑。

3. "都有什么"（複数の答えが求められる）

Nǐ dōu yǒu shénme yánsè de shǒujuàn?
你 都 有 什么 颜色 的 手绢？

Nǐ dōu yǒu shénme cídiǎn?
你 都 有 什么 词典？

4. 副詞 "也"（～も）

Tā shì dàxuéshēng, wǒ yě shì dàxuéshēng.
他 是 大学生，我 也 是 大学生。

Wǒ xǐhuan hóng de, yě xǐhuan hēi de.
我 喜欢 红 的，也 喜欢 黑 的。

練 習

1. 次のピンインを簡体字に書き直したうえで、暗誦しなさい。

    (1) Zhèxiē bǐ dōu shì wǒ de.

    (2) Wǒ de bǐ bù dōu shì hóng de.

    (3) Wǒ yǒu hóng de, yě yǒu hēi de.

2. 次の文を全部否定文と部分否定文に書き直しなさい。

    (1) 那些都是词典。 （全部否定）
    　　　　　　　　　（部分否定）

    (2) 他们都看电脑。 （全部否定）
    　　　　　　　　　（部分否定）

    (3) 他们都喝红茶。 （全部否定）
    　　　　　　　　　（部分否定）

3. 次の日本語を中国語に訳しなさい。

    (1) 桜の花は、すべてピンク色というわけではありません。

    (2) 私達の先生は、赤いボールペンを持っていません。

    (3) 私は、中国語を勉強しますし、英語も勉強します。

4. 質問を書き取って、中国語で答えなさい。　　A-48

    (1)
    (2)
    (3)

第六课　Dì liù kè

Nǐ de bǐ shì zài nǎr mǎi de?
你的笔是在哪儿买的？

新出語句　🅐 A-49

先生の発音を聞きながら、ピンインと簡体字を書きましょう。✏️

1. 在　　　　zài　　　　　　　前　～で
2. 哪儿　　　nǎr　　　　　　　疑　どこ
3. 买　　　　mǎi　　　　　　　動　買う
4. 商店　　　shāngdiàn　　　　名　商店、店
5. 什么时候　shénme shíhou　　　　いつ
6. 去年　　　qùnián　　　　　　名　去年
7. 妈妈　　　māma　　　　　　名　母さん、母

関連語句　🅐 A-50

牛奶 niúnǎi（牛乳）
面包 miànbāo（パン）
鸡蛋 jīdàn（たまご）
热狗 règǒu（ホットドッグ）
方便面 fāngbiànmiàn（インスタントラーメン）
汉堡包 hànbǎobāo（ハンバーガー）
肯德基 Kěndéjī（ケンタッキー）

超市 chāoshì（スーパーマーケット）
便利店 biànlìdiàn（コンビニ）
咖啡店 kāfēidiàn（コーヒーショップ）
电影院 diànyǐngyuàn（映画館）
专卖店 zhuānmàidiàn（専門店）
百货商店 bǎihuò shāngdiàn（百貨店）
网上购物 wǎngshàng gòuwù（ネットで買物をする）

本 文   🔊 A-51

A: Nǐ de bǐ shì zài nǎr mǎi de?
你 的 笔 是 在 哪儿 买 的？

B: Wǒ de bǐ shì zài shāngdiàn mǎi de.
我 的 笔 是 在 商店 买 的。

A: Nǐ de bǐ shì shénme shíhou mǎi de?
你 的 笔 是 什么 时候 买 的？

B: Wǒ de bǐ shì qùnián mǎi de.
我 的 笔 是 去年 买 的。

A: Nǐ de bǐ shì shéi mǎi de?
你 的 笔 是 谁 买 的？

B: Wǒ de bǐ shì māma mǎi de.
我 的 笔 是 妈妈 买 的。

ポイント ●A-52

1. 場所代名詞

近称	中称／遠称	疑問詞
zhèr　zhèli 这儿／这里(ここ)	nàr　nàli 那儿／那里(そこ／あそこ)	nǎr　nǎli 哪儿／哪里(どこ)

2. 時間名詞

過去		現在	未来	
qiánnián 前年(おととし)	qùnián 去年(去年)	jīnnián 今年(今年)	míngnián 明年(来年)	hòunián 后年(再来年)
qiántiān 前天(おととい)	zuótiān 昨天(昨日)	jīntiān 今天(今日)	míngtiān 明天(明日)	hòutiān 后天(明後日)

3. 前置詞 "在"（～で）

主語 ＋ 在 ＋ 場所 ＋ 動詞 ＋（目的語）

Wǒ　zài　xuéxiào　xuéxí.
我　在　学校　学习。

Wǒ　zài　biànlìdiàn　mǎi　fāngbiànmiàn.
我　在　便利店　买　方便面。

4. "是～的"（～したのだ）

既に完了したことの時間、場所、方法などを強調して説明する場合に使う。

主語 ＋ 是 ＋（誰・時間・場所・方法など）＋ 述語（動詞）＋ 的

Wǒ　de　Hànyǔ　cídiǎn　shì　bàba　mǎi　de.
我　的　汉语　词典　是　爸爸　买　的。　　（誰）

Wǒ　de　Hànyǔ　cídiǎn　shì　zuótiān　mǎi　de.
我　的　汉语　词典　是　昨天　买　的。　　（いつ）

Wǒ　de　Hànyǔ　cídiǎn　shì　zài　shūdiàn　mǎi　de.
我　的　汉语　词典　是　在　书店　买　的。　（どこで）（书店：書店）

練 習

1. 次のピンインを簡体字に書き直したうえで、暗誦しなさい。

    (1) Wǒ de bǐ shì zài shāngdiàn mǎi de.

    (2) Wǒ de bǐ shì qùnián mǎi de.

    (3) Wǒ de bǐ shì māma mǎi de.

2. 空欄に簡体字を書き入れ、さらに日本語に訳しなさい。

    (1) 我（　　）书店买记事本。

    (2) 这个笔（　　）爸爸买的。

    (3) 英语是在美国学习（　　）。

3. 次の日本語を中国語に訳しなさい。

    (1) これらの洋服は去年買ったのです。

    (2) 彼女の中国語は大学で勉強したのです。

    (3) このマフラーは私の母が買ったのです。

4. 質問を書き取って、中国語で答えなさい。　A-53

    (1)

    (2)

    (3)

ユニット2のまとめ

A-54 ゆっくり
A-55 ふつう

Wǒ de bǐ
我 的 笔

1. 这是笔。

2. 这是我的笔。

3. 我的笔是红的。

4. 这些笔都是我的。

5. 我的笔不都是红的。

6. 我有红的，也有黑的。

7. 我的笔是在商店买的。

8. 我的笔是去年买的。

9. 我的笔是妈妈买的。

チャレンジ！
☐ 1. 発音練習 （→各課本文 B）
☐ 2. 暗記

マイストーリー

"我的〇〇"について書きなさい。

第七课 Dì qī kè

Nǐ měitiān zǎoshang jǐ diǎn qǐchuáng?
你 每天 早上 几 点 起床？

新出語句 　A-56

先生の発音を聞きながら、ピンインと簡体字を書きましょう。

1. 每天　měitiān　名　毎日
2. 早上　zǎoshang　名　朝
3. 点　diǎn　量　〜時
4. 起床　qǐchuáng　動　起床する
5. 以后　yǐhòu　名　あと、…以後
6. 做　zuò　動　する、やる、作る
7. 刷牙　shuāyá　動　歯を磨く
8. 洗脸　xǐliǎn　動　顔を洗う
9. 然后　ránhòu　接　それから
10. 吃　chī　動　食べる
11. 早饭　zǎofàn　名　朝食
12. 出门　chūmén　動　出かける、家を出る

関連語句 　A-57

上午 shàngwǔ（午前）
下午 xiàwǔ（午後）
晚上 wǎnshang（夜）
回家 huí jiā（家に帰る）

午饭 wǔfàn（昼食）
晚饭 wǎnfàn（夕食）
洗澡 xǐzǎo（お風呂に入る）
睡觉 shuìjiào（寝る）

本文 🔊A-58

A：
Nǐ měitiān zǎoshang jǐ diǎn qǐchuáng?
你 每天 早上 几 点 起床？

B：
Wǒ měitiān zǎoshang qī diǎn qǐchuáng.
我 每天 早上 七 点 起床。

A：
Qǐchuáng yǐhòu, nǐ zuò shénme?
起床 以后，你 做 什么？

B：
Qǐchuáng yǐhòu, wǒ shuāyá、xǐliǎn, ránhòu chī zǎofàn.
起床 以后，我 刷牙、洗脸，然后 吃 早饭。

A：
Nǐ jǐ diǎn chūmén?
你 几 点 出门？

B：
Wǒ bā diǎn chūmén.
我 八 点 出门。

ポイント　◎A-59

1. 時刻の言い方と聞き方

時刻の言い方

8:00	bā diǎn 八 点	
8:06	bā diǎn líng liù fēn 八 点 零 六 分	
8:15	bā diǎn shíwǔ fēn 八 点 十 五 分	bā diǎn yí kè 八 点 一 刻（一刻=15分）
8:30	bā diǎn sānshí fēn 八 点 三 十 分	bā diǎn bàn 八 点 半
8:45	bā diǎn sìshíwǔ fēn 八 点 四 十 五 分	bā diǎn sān kè 八 点 三 刻（三刻=45分）
8:55	bā diǎn wǔshíwǔ fēn 八 点 五 十 五 分	chà wǔ fēn jiǔ diǎn 差 五 分 九 点（差：足りない）

時刻の聞き方

いま、何時ですか。　　Xiànzài jǐ diǎn?
　　　　　　　　　　现在 几 点？

2. "〜以后"（〜してから、…後）

Qǐchuáng yǐhòu, wǒ shuāyá、xǐliǎn.
起床 **以后**，我 刷牙、洗脸。

Wǎnshang huí jiā yǐhòu, wǒ kàn diànshì.
晚上 回 家 **以后**，我 看 电视。

練 習

1. 次のピンインを簡体字に書き直したうえで、暗誦しなさい。

   (1)　Wǒ měitiān zǎoshang qī diǎn qǐchuáng.

   (2)　Qǐchuáng yǐhòu, wǒ shuāyá、xǐliǎn, ránhòu chī zǎofàn.

   (3)　Wǒ bā diǎn chūmén.

2. 次の時刻を中国語で言いなさい。

   (1)　8：20　　(2)　4：15　　(3)　6：30

   (4)　11：45　　(5)　12：55　　(6)　10：05

3. 次の日本語を中国語に訳しなさい。

   (1)　私は毎日、12時半に昼食を食べます。

   (2)　佐藤さんは毎晩、11時45分に寝ます。

   (3)　私は家に帰った後、夕食を作ります。

4. 質問を書き取って、中国語で答えなさい。　　A-60

   (1)

   (2)

   (3)

第八课 Dì bā kè | 学校 几 点 上课? Xuéxiào jǐ diǎn shàngkè?

新出語句 ● A-61

先生の発音を聞きながら、ピンインと簡体字を書きましょう。

1. 学校　　xuéxiào　　名　　学校
2. 上课　　shàngkè　　動　　授業をする、授業に出る、授業が始まる
3. 节　　　jié　　　　量　　（授業を数える）コマ、限目
4. 课　　　kè　　　　名　　授業
5. 多长时间　duōcháng shíjiān　（時間が）どのくらい
6. 分钟　　fēn zhōng　名　　～分間
7. 放学　　fàngxué　　動　　学校が終わる
8. 下午　　xiàwǔ　　　名　　午後
9. 半　　　bàn　　　　数　　半分、2分の1

関連語句 ● A-62

上学 shàngxué（登校する）　　开始 kāishǐ（始まる）
下课 xiàkè（授業が終わる）　　结束 jiéshù（終わる）
打扫 dǎsǎo（掃除する）　　　　打工 dǎgōng（アルバイトをする）
写信 xiě xìn（手紙を書く）　　发邮件 fā yóujiàn（メールを送る）
上网 shàngwǎng（インターネットをする）

本 文　　🔊 A-63

A: Xuéxiào jǐ diǎn shàngkè?
学校 几 点 上课？

B: Xuéxiào jiǔ diǎn shí fēn shàngkè.
学校 九 点 十 分 上课。

A: Yì jié kè duōcháng shíjiān?
一 节 课 多长 时间？

B: Yì jié kè jiǔshí fēn zhōng.
一 节 课 九十 分 钟。

A: Nǐ měitiān jǐ diǎn fàngxué?
你 每天 几 点 放学？

B: Wǒ měitiān xiàwǔ sì diǎn bàn fàngxué.
我 每天 下午 四 点 半 放学。

ポイント　●A-64

1. 量詞

数詞＋量詞＋名詞

数詞	量詞	名　詞	
一 yī	个 ge	人 rén（人）	学生 xuésheng（学生）
两 liǎng	本 běn	书 shū（本）	词典 cídiǎn（辞書）
三 sān	件 jiàn	衣服 yīfu（洋服）	毛衣 máoyī（セーター）
四 sì	辆 liàng	汽车 qìchē（車）	自行车 zìxíngchē（自転車）
五 wǔ	张 zhāng	纸 zhǐ（紙）	照片 zhàopiàn（写真）
六 liù	只 zhī	狗 gǒu（犬）	猫 māo（猫）
七 qī	条 tiáo	围巾 wéijīn（マフラー）	领带 lǐngdài（ネクタイ）
八 bā	双 shuāng	筷子 kuàizi（箸）	袜子 wàzi（靴下）

注：　"二"は数を数えるときや順序を表すときに使う。
　　　"两"は数量を表すときに使う。

2. 時点の表現と時量の表現

時点表現	時量表現
二〇一三年 èrlíngyīsān nián（2013年）	一年 yì nián（1年間）
二月 èryuè（2月）	两个月 liǎng ge yuè（2ヶ月）
星期三 xīngqīsān（水曜日）	三个星期 sān ge xīngqī（3週間）
四号 sì hào／四日 sì rì（4日）	四天 sì tiān（4日間）
五点 wǔ diǎn（5時）	五个小时 wǔ ge xiǎoshí（5時間）
六分 liù fēn（6分）	六分钟 liù fēn zhōng（6分間）
七秒 qī miǎo（7秒）	七秒钟 qī miǎo zhōng（7秒間）

練 習

1. 次のピンインを簡体字に書き直したうえで、暗誦しなさい。

    (1) Xuéxiào jiǔ diǎn shí fēn shàngkè.

    _____

    (2) Yì jié kè jiǔshí fēn zhōng.

    _____

    (3) Wǒ měitiān xiàwǔ sì diǎn bàn fàngxué.

    _____

2. 次の日本語を中国語に訳したうえで、発音しなさい。

    (1) 1月／1ヶ月   (2) 5時／5時間

    (3) 3日／3日間   (4) 6分／6分間

3. 次の日本語を中国語に訳しなさい。

    (1) 私は毎晩インターネットをします。

    _____

    (2) 中国語の授業は午前10時に始まります。

    _____

    (3) 私は水曜日にアルバイトをします。

    _____

4. 質問を書き取って、中国語で答えなさい。　　●A-65

    (1) _____

    (2) _____

    (3) _____

第九课 Dì jiǔ kè

Fàngxué yǐhòu, nǐ zuò shénme?
放学 以后，你 做 什么？

新出語句 ○ A-66

先生の発音を聞きながら、ピンインと簡体字を書きましょう。

1.	参加	cānjiā	動	参加する	
2.	俱乐部	jùlèbù	名	クラブ	
3.	活动	huódòng	名	活動	
			動	運動する	
4.	网球	wǎngqiú	名	テニス	
5.	个	ge	量	人、物、時間などを数える	
6.	星期	xīngqī	名	曜日	
7.	次	cì	量	回数を表す	

関連語句 ○ A-67

合唱 héchàng（合唱）
围棋 wéiqí（囲碁）
体操 tǐcāo（体操）
练习 liànxí（練習する）
比赛 bǐsài（試合）
马拉松 mǎlāsōng（マラソン）
跑步 pǎobù（ジョギングをする）

游泳 yóuyǒng（水泳をする）
滑雪 huáxuě（スキーをする）
踢足球 tī zúqiú（サッカーをする）
打网球 dǎ wǎngqiú（テニスをする）
打棒球 dǎ bàngqiú（野球をする）
打乒乓球 dǎ pīngpāngqiú（卓球をする）
打篮球 dǎ lánqiú（バスケットボールをする）

ユニット 3 私の一日

本　文　 🔘A-68

A: Fàngxué yǐhòu, nǐ zuò shénme?
放学 以后，你 做 什么？

B: Fàngxué yǐhòu, wǒ cānjiā jùlèbù huódòng.
放学 以后，我 参加 俱乐部 活动。

A: Nǐ cānjiā de jùlèbù shì shénme jùlèbù?
你 参加 的 俱乐部 是 什么 俱乐部？

B: Wǒ cānjiā de shì wǎngqiú jùlèbù.
我 参加 的 是 网球 俱乐部。

A: Nǐ yí ge xīngqī cānjiā jǐ cì jùlèbù huódòng?
你 一 个 星期 参加 几 次 俱乐部 活动？

B: Wǒ yí ge xīngqī cānjiā liǎng cì jùlèbù huódòng.
我 一 个 星期 参加 两 次 俱乐部 活动。

ポイント 🔘 A-69

1. 助詞 "的"（3）

| 動詞 + 的 + 名詞 |

Nǐ cānjiā de jùlèbù shì shénme jùlèbù?
你 参加 的 俱乐部 是 什么 俱乐部？

Wǒ hē de shì Yīngguó de hóngchá.
我 喝 的 是 英国 的 红茶。

注："的"の後ろの言葉が省略される場合もある。

2. 曜日の言い方

時点表現		時量表現	
星期一 xīngqīyī	（月曜日）	一个星期 yí ge xīngqī	（1週間）
星期二 xīngqī'èr	（火曜日）	两个星期 liǎng ge xīngqī	（2週間）
星期三 xīngqīsān	（水曜日）	三个星期 sān ge xīngqī	（3週間）
星期四 xīngqīsì	（木曜日）	四个星期 sì ge xīngqī	（4週間）
星期五 xīngqīwǔ	（金曜日）	五个星期 wǔ ge xīngqī	（5週間）
星期六 xīngqīliù	（土曜日）	六个星期 liù ge xīngqī	（6週間）
星期天 xīngqītiān 星期日 xīngqīrì	（日曜日）	七个星期 qī ge xīngqī	（7週間）
星期几 xīngqī jǐ	（何曜日）	几个星期 jǐ ge xīngqī	（何週間）

3. 補語（1）数量補語（動作の回数、数量などを表すときに使う）

| 主語 + 述語（動詞）+ **数量補語** + （目的語） |

Wǒ yí ge xīngqī dǎ yí cì wǎngqiú.
我 一 个 星期 打 一 次 网球。

Wǒ jīnnián cānjiā liǎng cì mǎlāsōng bǐsài.
我 今年 参加 两 次 马拉松 比赛。

練 習

1. 次のピンインを簡体字に書き直したうえで、暗誦しなさい。

    (1) Fàngxué yǐhòu, wǒ cānjiā jùlèbù huódòng.

    (2) Wǒ cānjiā de shì wǎngqiú jùlèbù.

    (3) Wǒ yí ge xīngqī cānjiā liǎng cì jùlèbù huódòng.

2. 次の語を正しい順に並べ替え、日本語に訳しなさい。

    (1) 我・足球・参加・的・俱乐部・是

    (2) 以后・比赛・放学・我・有

    (3) 打・你・乒乓球・一个月・几次

3. 次の日本語を中国語に訳しなさい。

    (1) 私が食べるお菓子は中国のお菓子です。

    (2) あなたは週に何回野球をしますか。

    (3) 私は商店で洋服を3枚買います。

4. 質問を書き取って、中国語で答えなさい。　 A-70

    (1)

    (2)

    (3)

ユニット3のまとめ

○ A-71　ゆっくり
○ A-72　ふつう

Wǒ de yì tiān
我 的 一 天

1. 我每天早上七点起床。

2. 起床以后，我刷牙、洗脸，然后吃早饭。

3. 我八点出门。

4. 学校九点十分上课。

5. 一节课九十分钟。

6. 我每天下午四点半放学。

7. 放学以后，我参加俱乐部活动。

8. 我参加的是网球俱乐部。

9. 我一个星期参加两次俱乐部活动。

チャレンジ！
☐ 1.発音練習（→各課本文B）
☐ 2.暗記

マイストーリー

"我的一天"について書きなさい。 ✎

マイストーリー

第十课　Dì shí kè　你家在哪儿？　Nǐ jiā zài nǎr?

新出語句　A-73

先生の発音を聞きながら、ピンインと簡体字を書きましょう。

1. 家　jiā　名　家
2. 在　zài　動　～にある、～にいる
3. 名古屋　Mínggǔwū　名　名古屋
4. 附近　fùjìn　名　付近、近所
5. 公园　gōngyuán　名　公園
6. 还　hái　副　また、さらに
7. 邮局　yóujú　名　郵便局
8. 离　lí　前　～から、～まで
9. 远　yuǎn　形　遠い
10. 不太～　bú tài　　あまり～ない
11. 走路　zǒulù　動　歩く
12. 只　zhǐ　副　ただ、単に
13. 要　yào　動　要る、かかる

関連語句　A-74

银行 yínháng（銀行）
食堂 shítáng（食堂）
教室 jiàoshì（教室）
图书馆 túshūguǎn（図書館）

车站 chēzhàn（駅）
坐电车 zuò diànchē（電車に乗る）
坐飞机 zuò fēijī（飛行機に乗る）
骑自行车 qí zìxíngchē（自転車に乗る）

ユニット4　私の家

本 文　　🔊 A-75

A: Nǐ jiā zài nǎr?
　　你 家 在 哪儿？

B: Wǒ jiā zài Mínggǔwū.
　　我 家 在 名古屋。

A: Nǐ jiā fùjìn yǒu shénme?
　　你 家 附近 有 什么？

B: Wǒ jiā fùjìn yǒu gōngyuán, hái yǒu yóujú.
　　我 家 附近 有 公园，还 有 邮局。

A: Nǐ jiā lí gōngyuán yuǎn ma?
　　你 家 离 公园 远 吗？

B: Wǒ jiā lí gōngyuán bú tài yuǎn, zǒulù zhǐ yào wǔ fēn zhōng.
　　我 家 离 公园 不 太 远，走路 只 要 五 分 钟。

ポイント ● A-76

1. 動詞 "在"（存在を表す）

> 主語 ＋ 在／不在 ＋ 場所　　（～は～にある／ない。～は～にいる／いない）

Wǒ jiā zài Mínggǔwū.
我 家 在 名古屋。

Wǒ bàba bú zài jiā.
我 爸爸 不 在 家。

2. 動詞 "有"（2）（存在を表す）

> 場所 ＋ 有／没有 ＋ 目的語　　（～に～がある／ない。～に～がいる／いない）

Wǒ jiā fùjìn yǒu biànlìdiàn.
我 家 附近 有 便利店。

Nàli méiyǒu rén.
那里 没有 人。

3. "有～，还有～"（～がある／いる。さらに～もある／いる）

Wǒ jiā fùjìn yǒu gōngyuán, hái yǒu yóujú.
我 家 附近 有 公园，还 有 邮局。

Zhèli yǒu yì zhī gǒu, hái yǒu yì zhī māo.
这里 有 一 只 狗，还 有 一 只 猫。

4. 前置詞 "离"（～から、～まで）

> A 离 B ～　　（AはBから～。AはBまで～）

Wǒ jiā lí xuéxiào hěn yuǎn.
我 家 离 学校 很 远。　　（空間的距離の隔たり）

Lí shàngkè zhǐ yǒu shí fēn zhōng.
离 上课 只 有 十 分 钟。　　（時間の隔たり）

練 習

1. 次のピンインを簡体字に書き直したうえで、暗誦しなさい。

    （1） Wǒ jiā zài Mínggǔwū.

    _____

    （2） Wǒ jiā fùjìn yǒu gōngyuán, hái yǒu yóujú.

    _____

    （3） Wǒ jiā lí gōngyuán bú tài yuǎn, zǒulù zhǐ yào wǔ fēn zhōng.

    _____

2. 空欄に簡体字を入れ、さらに日本語に訳しなさい。

    （1） 我们学校（　　　）游泳俱乐部，（　　　）滑雪俱乐部。

    _____

    （2） 今天（　　　）课，她（　　　）家。

    _____

    （3） 银行（　　　）学校不太远。

    _____

3. 次の日本語を中国語に訳しなさい。

    （1） 私は家にいません。学校にいます。

    _____

    （2） 学校には図書館があり、さらに食堂もあります。

    _____

    （3） テニスの試合まで2週間しかありません。

    _____

4. 質問を書き取って、中国語で答えなさい。　　🔊 A-77

    （1） _____
    （2） _____
    （3） _____

第十一课 | Nǐ jiā yǒu jǐ kǒu rén?
Dì shíyī kè　你家有几口人？

新出語句　　A-78

先生の発音を聞きながら、ピンインと簡体字を書きましょう。

1. 口　　　　kǒu　　　　量　　家族の人数を数える
2. 爸爸　　　bàba　　　 名　　父さん、父
3. 哥哥　　　gēge　　　 名　　兄さん、兄
4. 和　　　　hé　　　　 接　　〜と、及び
5. 工作　　　gōngzuò　　名　　仕事
　　　　　　　　　　　　動　　働く
6. 公司　　　gōngsī　　 名　　会社
7. 工程师　　gōngchéngshī　名　エンジニア
8. 呢　　　　ne　　　　 助　　〜は？
9. 家庭主妇　jiātíng zhǔfù　名　専業主婦

関連語句　　A-79

医院 yīyuàn（病院）
医生 yīshēng（医者）
护士 hùshi（看護師）
律师 lǜshī（弁護士）
歌手 gēshǒu（歌手）
画家 huàjiā（画家）
警察 jǐngchá（警察）

总经理 zǒngjīnglǐ（社長）
职员 zhíyuán（会社員）
秘书 mìshū（秘書）
记者 jìzhě（記者）
店员 diànyuán（店員）
作家 zuòjiā（作家）
司机 sījī（運転手）

本文　🔊 A-80

A：　Nǐ jiā yǒu jǐ kǒu rén?
　　你 家 有 几 口 人？

B：　Wǒ jiā yǒu sì kǒu rén, bàba、māma、gēge hé wǒ.
　　我 家 有 四 口 人，爸爸、妈妈、哥哥 和 我。

A：　Nǐ bàba zài nǎr gōngzuò?
　　你 爸爸 在 哪儿 工作？

B：　Wǒ bàba zài gōngsī gōngzuò, tā shì gōngchéngshī.
　　我 爸爸 在 公司 工作，他 是 工程师。

A：　Nǐ māma ne?
　　你 妈妈 呢？

B：　Wǒ māma bù gōngzuò, tā shì jiātíng zhǔfù.
　　我 妈妈 不 工作，她 是 家庭 主妇。

ポイント　◎A-81

1. 疑問文（3）　省略疑問文 "呢"（〜は？）

> 名詞 + 呢

Wǒ hē hóngchá, nǐ ne?
我 喝 红茶, 你 呢？

Wǒ shì hùshi, nǐ ne?
我 是 护士, 你 呢？

2. 親族名称

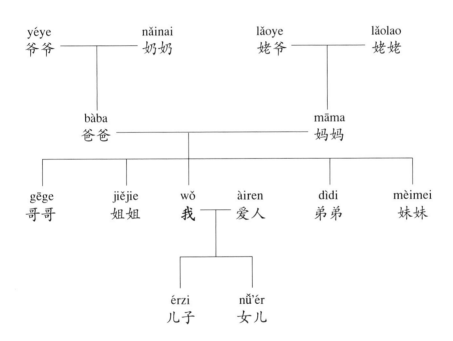

練 習

1. 次のピンインを簡体字に書き直したうえで、暗誦しなさい。

    (1) Wǒ jiā yǒu sì kǒu rén, bàba、māma、gēge hé wǒ.

    (2) Wǒ bàba zài gōngsī gōngzuò, tā shì gōngchéngshī.

    (3) Wǒ māma bù gōngzuò, tā shì jiātíng zhǔfù.

2. 次の語を正しい順に並べ替え、日本語に直しなさい。

    (1) 工作・她・邮局・在

    (2) 呢・医生・你・是・我

    (3) 老师・我・姐姐・是・她・的

3. 次の日本語を中国語に訳しなさい。

    (1) 私は今年18歳です。あなたは？

    (2) 我が家は5人家族です。父、母、2人の姉と私です。

    (3) 私の父は病院に勤めています。彼は医者です。

4. 質問を書き取って、中国語で答えなさい。　　A-82

    (1)
    (2)
    (3)

第十二课 Dì shí'èr kè

你家有没有宠物？ Nǐ jiā yǒu méiyǒu chǒngwù?

新出語句　A-83

先生の発音を聞きながら、ピンインと簡体字を書きましょう。

1.	宠物	chǒngwù	名	ペット
2.	只	zhī	量	匹
3.	小	xiǎo	形	小さい
4.	狗	gǒu	名	犬、戌（いぬ）
5.	它	tā	代	それ
6.	太郎	Tàiláng	名	太郎
7.	一定	yídìng	副	必ず、きっと
8.	可爱	kě'ài	形	可愛い
9.	吧	ba	助	推量、勧誘などの語気を表す
10.	非常	fēicháng	副	非常に
11.	对～来说	duì~lái shuō		～にとって
12.	成员	chéngyuán	名	メンバー

関連語句　A-84

鼠 shǔ（子）　　牛 niú（丑）　　虎 hǔ（寅）　　兔 tù（卯）
龙 lóng（辰）　　蛇 shé（巳）　　马 mǎ（午）　　羊 yáng（未）
猴 hóu（申）　　鸡 jī（酉）　　狗 gǒu（戌）　　猪 zhū（亥）

本 文　🔊 A-85

A： Nǐ jiā yǒu méiyǒu chǒngwù?
　　你 家 有 没有 宠物？

B： Wǒ jiā yǒu yì zhī xiǎo gǒu, tā de míngzi jiào Tàiláng.
　　我 家 有 一 只 小 狗，它 的 名字 叫 太郎。

A： Tàiláng yídìng hěn kě'ài ba.
　　太郎 一定 很 可爱 吧。

B： Tàiláng fēicháng kě'ài.
　　太郎 非常 可爱。

A： Duì nǐ lái shuō, Tàiláng shì shénme?
　　对 你 来 说，太郎 是 什么？

B： Tā shì wǒ jiā de yí ge jiātíng chéngyuán.
　　它 是 我 家 的 一 个 家庭 成员。

ポイント ●A-86

1. 疑問文（4）反復疑問文

> 主語 + 述語［動詞の肯定形 + 否定形］+（目的語）

Tā shì bu shì hùshi?
她 是 不 是 护士？

Nǐ mǎi bu mǎi diànnǎo?
你 买 不 买 电脑？

Nǐ jiā yǒu méiyǒu chǒngwù?
你 家 有 没有 宠物？

> 主語 + 述語［形容詞の肯定形 + 否定形］

Nǐ jiā lí xuéxiào yuǎn bu yuǎn?
你 家 离 学校 远 不 远？

Zhège règǒu hǎochī bu hǎochī?
这个 热狗 好吃 不 好吃？

注：反復疑問文の文末に"吗"はつけない。

2. 語気助詞"吧"（文末に用いて語気を表す）

Tā shì Yīngyǔ lǎoshī ba.
他 是 英语 老师 吧。 （推量を表す。〜だろう）

Wǒmen kàn diànshì ba.
我们 看 电视 吧。 （勧誘する。〜しよう）

Nǐ chī fàn ba.
你 吃 饭 吧。 （命令の語気を和らげる。〜しなさい）

3. "对〜来说"（〜にとって）

Duì wǒ lái shuō, zhège kāfēi hěn hǎohē.
对 我 来 说，这个 咖啡 很 好喝。

Duì xuésheng lái shuō, tā shì fēicháng hǎo de lǎoshī.
对 学生 来 说，他 是 非常 好 的 老师。

練 習

1. 次のピンインを簡体字に書き直したうえで、暗誦しなさい。

    （1） Wǒ jiā yǒu yì zhī xiǎo gǒu, tā de míngzi jiào Tàiláng.

    （2） Tàiláng fēicháng kě'ài.

    （3） Tā shì wǒ jiā de yí ge jiātíng chéngyuán.

2. 次の文を反復疑問文に直し、日本語に訳しなさい。

    （1） 她喜欢点心。

    （2） 田中是公司的秘书。

    （3） 这个咖啡好喝。

3. 次の日本語を中国語に訳しなさい。

    （1） あなたは日曜日にアルバイトをしますか、しませんか。

    （2） 彼は携帯電話を持っているでしょう。

    （3） このパンは美味しいですか、美味しくないですか。

4. 質問を書き取って、中国語で答えなさい。　A-87

    （1）
    （2）
    （3）

ユニット4のまとめ

A-88 ゆっくり
A-89 ふつう

Wǒ de jiā
我 的 家

1. 我家在名古屋。

2. 我家附近有公园，还有邮局。

3. 我家离公园不太远，走路只要五分钟。

4. 我家有四口人，爸爸、妈妈、哥哥和我。

5. 我爸爸在公司工作，他是工程师。

6. 我妈妈不工作，她是家庭主妇。

7. 我家有一只小狗，它的名字叫太郎。

8. 太郎非常可爱。

9. 它是我家的一个家庭成员。

チャレンジ！
☐ 1.発音練習（→各課本文B）
☐ 2.暗記

マイストーリー

"我的家"について書きなさい。

第十三课 Dì shísān kè

你 的 爱好 是 什么？
Nǐ de àihào shì shénme?

新出語句 ● B-01

先生の発音を聞きながら、ピンインと簡体字を書きましょう。

1.	爱好	àihào	名	趣味
2.	旅游	lǚyóu	名	観光
			動	旅行する
3.	听	tīng	動	聞く
4.	音乐	yīnyuè	名	音楽
5.	想	xiǎng	動	思う
			助動	～したい
6.	学	xué	動	勉強する、学ぶ
7.	外语	wàiyǔ	名	外国語
8.	去	qù	動	行く
9.	为什么	wèi shénme		なぜ、どうして
10.	因为～，所以～	yīnwèi~, suǒyǐ~		～なので～、～だから～
11.	交朋友	jiāo péngyou		友達になる
12.	和	hé	前	～と

関連語句 ● B-02

插花 chāhuā（生け花）　　做饭 zuò fàn（食事を作る）
茶道 chádào（茶道）　　跳舞 tiàowǔ（ダンスをする）
看书 kàn shū（本を読む）　　爬山 pá shān（山登りをする）
买东西 mǎi dōngxi（買い物をする）　　聊天儿 liáo tiānr（おしゃべりをする）

ユニット 5　私の趣味

本文　　B-03

A：
Nǐ de àihào shì shénme?
你 的 爱好 是 什么？

B：
Wǒ de àihào shì lǚyóu、tīng yīnyuè hé xué wàiyǔ.
我 的 爱好 是 旅游、听 音乐 和 学 外语。

A：
Nǐ xiǎng qù nǎr lǚyóu?
你 想 去 哪儿 旅游？

B：
Wǒ xiǎng qù Zhōngguó lǚyóu.
我 想 去 中国 旅游。

A：
Nǐ wèi shénme xiǎng qù Zhōngguó?
你 为 什么 想 去 中国？

B：
Yīnwèi wǒ xǐhuan Hànyǔ, xiǎng hé Zhōngguórén jiāo péngyou,
因为 我 喜欢 汉语，想 和 中国人 交 朋友，

suǒyǐ wǒ xiǎng qù Zhōngguó.
所以 我 想 去 中国。

ポイント ◎ B-04

1. 助動詞 "想"（～したい）

主語 + 想 / 不想 + 動詞 +（目的語）

Wǒ xiǎng qù Zhōngguó.
我 想 去 中国。

Wǒ bù xiǎng xué chāhuā.
我 不 想 学 插花。

2. 連動文

主語 + 動詞1 +（目的語1）+ 動詞2 +（目的語2）

Wǒ qù Zhōngguó lǚyóu.
我 去 中国 旅游。

Tā qù túshūguǎn kàn shū.
她 去 图书馆 看 书。

Tā bú qù pá shān.
他 不 去 爬 山。

3. "因为～，所以～"（～なので～、～だから～）

Yīnwèi wǒ xǐhuan wǎngqiú, suǒyǐ wǒ cānjiā wǎngqiú jùlèbù.
因为 我 喜欢 网球，所以 我 参加 网球 俱乐部。

Míngtiān méiyǒu kè, suǒyǐ wǒ bú qù xuéxiào.
明天 没有 课，所以 我 不 去 学校。

注：どちらも省略可能である

練 習

1. 次のピンインを簡体字に書き直したうえで、暗誦しなさい。

    (1) Wǒ de àihào shì lǚyóu、tīng yīnyuè hé xué wàiyǔ.

    ---

    (2) Wǒ xiǎng qù Zhōngguó lǚyóu.

    ---

    (3) Yīnwèi wǒ xǐhuan Hànyǔ, xiǎng hé Zhōngguórén jiāo péngyou, suǒyǐ wǒ xiǎng qù Zhōngguó.

    ---

2. 次の語を正しい順に並べ替え、日本語に訳しなさい。

    (1) 回・我・做・家・饭

    ---

    (2) 音乐・我・美国・听・想・的

    ---

    (3) 买・有・我・电脑・所以・不・我

    ---

3. 次の日本語を中国語に訳しなさい。

    (1) 私はイギリスへサッカーの試合を見に行きたいです。

    ---

    (2) パンダはとても可愛いから、私はパンダが大好きです。

    ---

    (3) 学校が終わった後、私は買い物に行きます。

    ---

4. 質問を書き取って、中国語で答えなさい。　　●B-05

    (1) ___

    (2) ___

    (3) ___

第十四课 Dì shísì kè

你 会 说 汉语 吗? Nǐ huì shuō Hànyǔ ma?

新出語句　●B-06

先生の発音を聞きながら、ピンインと簡体字を書きましょう。

1. 会　huì　助動　（学習や訓練によって）できる
2. 说　shuō　動　話す、言う
3. 正在　zhèngzài　副　ちょうど～しているところ
4. 一点儿　yìdiǎnr　量　少し、ちょっと
5. 还可以　hái kěyǐ　　まあまあ
6. 但是　dànshì　接　しかし
7. 觉得　juéde　動　感じる、～と思う
8. 听力　tīnglì　名　聞き取り
9. 怎样　zěnyàng　疑　どのように、どのような
10. 能　néng　助動　（能力的に、条件的に）できる
11. 学好　xuéhǎo　動　習得する
12. 应该　yīnggāi　助動　～すべきだ
13. 多　duō　副　たくさん

関連語句　●B-07

喝酒 hē jiǔ（お酒を飲む）
抽烟 chōu yān（タバコを吸う）
开车 kāichē（車を運転する）

唱歌 chàng gē（歌を歌う）
画画儿 huà huàr（絵を描く）
弹钢琴 tán gāngqín（ピアノを弾く）

ユニット5　私の趣味

本文 B-08

A: Nǐ huì shuō Hànyǔ ma?
你 会 说 汉语 吗？

B: Wǒ zhèngzài xué Hànyǔ, huì shuō yìdiǎnr.
我 正在 学 汉语，会 说 一点儿。

A: Nǐ de Hànyǔ zěnmeyàng?
你 的 汉语 怎么样？

B: Wǒ de Hànyǔ fāyīn hái kěyǐ, dànshì tīnglì bú tài hǎo.
我 的 汉语 发音 还 可以，但是 听力 不 太 好。

A: Nǐ juéde zěnyàng néng xuéhǎo Hànyǔ?
你 觉得 怎样 能 学好 汉语？

B: Wǒ juéde yīnggāi duō tīng duō shuō.
我 觉得 应该 多 听 多 说。

ポイント　B-09

1. 動作の進行を表す "正在"、"在"（ちょうど～しているところ）

> 主語 ＋ 正在（在）＋ 動詞 ＋（目的語）

Wǒ zhèngzài chī zǎofàn.
我 正在 吃 早饭。

Tā zài kàn diànshì.
她 在 看 电视。

2. 助動詞 "会"、"能"

> 主語 ＋ 会 / 不会 ＋ 動詞 ＋（目的語）　（学習や訓練などにより習得してできる）

Tā huì chàng gē.
她 会 唱 歌。

Tiánzhōng bú huì kāichē.
田中 不 会 开车。

> 主語 ＋ 能 / 不能 ＋ 動詞 ＋（目的語）　（能力的に、条件的にできる）

Wǒ míngtiān néng cānjiā bǐsài.
我 明天 能 参加 比赛。

Yīnwèi wǒ jīntiān kāichē, suǒyǐ bù néng hē jiǔ.
因为 我 今天 开车，所以 不 能 喝 酒。

3. 助動詞 "应该"（～すべきだ）

> 主語 ＋ 应该 / 不应该 ＋ 動詞 ＋（目的語）

Xuéxí Hànyǔ yīnggāi duō tīng duō shuō.
学习 汉语 应该 多 听 多 说。

Wǎnshang nǐ bù yīnggāi hē kāfēi.
晚上 你 不 应该 喝 咖啡。

練習

1. 次のピンインを簡体字に書き直したうえで、暗誦しなさい。

    （1）　Wǒ zhèngzài xué Hànyǔ, huì shuō yìdiǎnr.

    （2）　Wǒ de Hànyǔ fāyīn hái kěyǐ, dànshì tīnglì bú tài hǎo.

    （3）　Wǒ juéde yīnggāi duō tīng duō shuō.

2. "能・会"から適切な言葉を選んで空欄に入れ、日本語に訳しなさい

    （1）　我一个人（　　）去中国旅游。

    （2）　我（　　）滑雪。

    （3）　他（　　）唱歌，还（　　）画画儿。

3. 次の日本語を中国語に訳しなさい。

    （1）　私は車を運転するので、お酒が飲めません。

    （2）　彼女はフランス語を少し話せます。

    （3）　教室でタバコを吸うべきではありません。

4. 質問を書き取って、中国語で答えなさい。　　B-10

    （1）

    （2）

    （3）

第十五课 Dì shíwǔ kè
Chúle Hànyǔ, nǐ hái xiǎng xué shénme?
除了 汉语，你 还 想 学 什么？

新出语句 　B-11

先生の発音を聞きながら、ピンインと簡体字を書きましょう。

1. 除了　　chúle　　　　前　　〜を除いて、〜のほかに
2. 历史　　lìshǐ　　　　名　　歴史
3. 文化　　wénhuà　　　 名　　文化
4. 比如说　bǐrú shuō　　　　　例えば
5. 太极拳　tàijíquán　　　名　　太極拳
6. 啦　　　la　　　　　助　　〜や
7. 二胡　　èrhú　　　　名　　（楽器）二胡
8. 书法　　shūfǎ　　　　名　　書道
9. 等等　　děngdeng　　 助　　〜など
10. 打算　　dǎsuàn　　　助動　〜するつもりだ、〜する予定だ
11. 留学　　liúxué　　　　動　　留学する
12. 明年　　míngnián　　　名　　来年

関連語句 　B-12

京剧 jīngjù（京劇）
气功 qìgōng（気功）
武术 wǔshù（武術）

中餐 zhōngcān（中華料理）
日餐 rìcān（日本料理）
西餐 xīcān（西洋料理）

ユニット **5** 私の趣味

本 文　　B-13

A： Chúle Hànyǔ, nǐ hái xiǎng xué shénme?
　　 除了 汉语，你 还 想 学 什么？

B： Chúle Hànyǔ, wǒ hái xiǎng xué Zhōngguó de lìshǐ hé wénhuà.
　　 除了 汉语，我 还 想 学 中国 的 历史 和 文化。

A： Bǐrú shuō?
　　 比如 说？

B： Bǐrú shuō, tàijíquán la、èrhú la、shūfǎ la, děngdeng.
　　 比如 说，太极拳 啦、二胡 啦、书法 啦，等等。

A： Nǐ dǎsuàn qù Zhōngguó liúxué ma?
　　 你 打算 去 中国 留学 吗？

B： Wǒ dǎsuàn míngnián qù Zhōngguó liúxué.
　　 我 打算 明年 去 中国 留学。

ポイント 🔘 B-14

1. 前置詞 "除了"（〜を除いて、〜のほかに）

Chúle xīngqītiān, wǒ měitiān dōu qù xuéxiào.
除了 星期天，我 每天 都 去 学校。

Chúle xǐhuan zhōngcān, wǒ hái xǐhuan rìcān.
除了 喜欢 中餐，我 还 喜欢 日餐。

2. "比如说"（例えば）

Wǒ xǐhuan Zhōngguó de wénhuà, bǐrú shuō, jīngjù hé èrhú.
我 喜欢 中国 的 文化，**比如 说**，京剧 和 二胡。

Wǒ de àihào hěn duō, bǐrú shuō, yóuyǒng、huáxuě děngdeng.
我 的 爱好 很 多，**比如 说**，游泳、滑雪 等等。（多：多い）

3. 助詞 "〜啦、〜啦"（〜や、〜や、〜など。〜したり、〜したりする。）

Wǎnshang wǒ kàn diànshì la、kàn shū la, děngdeng.
晚上 我 看 电视 **啦**、看 书 **啦**，等等。

Gǒu la、māo la、tùzi la, wǒ dōu xǐhuan.
狗 **啦**、猫 **啦**、兔子 **啦**，我 都 喜欢。（兔子：ウサギ）

4. 助動詞 "打算"（〜するつもりだ。〜する予定だ）

| 主語 + 打算 / 不打算 + 動詞 +（目的語） |

Wǒ dǎsuàn míngnián qù Zhōngguó liúxué.
我 **打算** 明年 去 中国 留学。

Tā dǎsuàn xīngqīliù kàn jīngjù.
她 **打算** 星期六 看 京剧。

Wǒ bù dǎsuàn zài gōngsī gōngzuò.
我 **不 打算** 在 公司 工作。

練 習

1. 次のピンインを簡体字に書き直したうえで、暗誦しなさい。

    (1) Chúle Hànyǔ, wǒ hái xiǎng xué Zhōngguó de lìshǐ hé wénhuà.

    (2) Bǐrú shuō, tàijíquán la、èrhú la、shūfǎ la, děngdeng.

    (3) Wǒ dǎsuàn míngnián qù Zhōngguó liúxué.

2. 次の文を完成させ、日本語に訳しなさい。

    (1) 除了（　　　　　），我还喜欢（　　　　　）。

    (2) 我打算（　　　　　　　　　　　　　　）。

    (3) 我想学习中国的文化，比如说，（　　　　　　　　）。

3. 次の日本語を中国語に訳しなさい。

    (1) 私はテニスクラブに入るつもりです。

    (2) 私は中国音楽の他に、中国映画も好きです。

    (3) 私の趣味は、買い物をすることとかインターネットをすることなどです。

4. 質問を書き取って、中国語で答えなさい。　●B-15

    (1)

    (2)

    (3)

ユニット5のまとめ

- B-16 ゆっくり
- B-17 ふつう

Wǒ de àihào
我 的 爱好

1. 我的爱好是旅游、听音乐和学外语。

2. 我想去中国旅游。

3. 因为我喜欢汉语，想和中国人交朋友，所以我想去中国。

4. 我正在学汉语，会说一点儿。

5. 我的汉语发音还可以，但是听力不太好。

6. 我觉得应该多听多说。

7. 除了汉语，我还想学中国的历史和文化。

8. 比如说，太极拳啦、二胡啦、书法啦，等等。

9. 我打算明年去中国留学。

チャレンジ！
- □ 1. 発音練習（→各課本文 B）
- □ 2. 暗記

マイストーリー

マイストーリー

"我的愛好"について書きなさい。

第十六课 | 暑假你去哪儿了?
Dì shíliù kè | Shǔjià nǐ qù nǎr le?

新出語句 B-18

先生の発音を聞きながら、ピンインと簡体字を書きましょう。

1. 暑假　　　shǔjià　　　名　夏休み
2. 了　　　　le　　　　　助　〜した
3. 朋友　　　péngyou　　名　友達、友人
4. 迪士尼乐园　Díshìní lèyuán
　　　　　　　　　　　　名　ディズニーランド
5. 怎么　　　zěnme　　　疑　どのように
6. 坐　　　　zuò　　　　動　座る、乗る
7. 长途大巴　chángtú dàbā　名　長距離バス
8. 多　　　　duō　　　　数　〜あまり
9. 小时　　　xiǎoshí　　　名　〜時間

関連語句 B-19

假日 jiàrì（休日）
寒假 hánjià（冬休み）
春假 chūnjià（春休み）
放假 fàngjià（休みになる）
黄金周 huángjīnzhōu
　　　　（ゴールデンウイーク）

海边儿 hǎibiānr（海辺）
游乐园 yóulèyuán（遊園地）
动物园 dòngwùyuán（動物園）
海外旅游 hǎiwài lǚyóu（海外旅行）
短期留学 duǎnqī liúxué（短期留学）

本文　🔊 B-20

A：　Shǔjià nǐ qù nǎr le?
　　　暑假 你 去 哪儿 了？

B：　Shǔjià wǒ hé péngyou qù Díshìní lèyuán le.
　　　暑假 我 和 朋友 去 迪士尼 乐园 了。

A：　Nǐmen shì zěnme qù de?
　　　你们 是 怎么 去 的？

B：　Wǒmen shì zuò chángtú dàbā qù de.
　　　我们 是 坐 长途 大巴 去 的。

A：　Nǐmen zuòle duōcháng shíjiān?
　　　你们 坐了 多长 时间？

B：　Wǒmen zuòle qī ge duō xiǎoshí.
　　　我们 坐了 七 个 多 小时。

ポイント ●B-21

1. 助詞 "了"（1）　（動詞の後ろに置いて、動作の実現・完了を表す）

（1）目的語がない場合は、"了" は動詞の後ろに置かれる。

> 主語 ＋ 動詞 ＋ 了

Tā qù le.
他 去 了。

Wǒ chī le.
我 吃 了。

（2）目的語がある場合、"了" は文末に置かれる。

> 主語 ＋ 動詞 ＋ 目的語 ＋ 了

Tā qù xuéxiào le.
他 去 学校 了。

Wǒ chī fàn le.
我 吃 饭 了。

注："了" の否定は "没" あるいは "没有" を用い、"了" をなくす。

Qùnián wǒ méiyǒu qù Zhōngguó.
去年 我 没有 去 中国。

2. 補語（2）時量補語（動作の時間量を表すときに使う）

> 主語 ＋ 述語（動詞）＋ **時量補語** ＋（目的語）

Tā měitiān kàn yí ge xiǎoshí diànshì.
他 每天 看 一 个 小时 电视。

Wǒ dǎsuàn xuéxí liǎng nián Hànyǔ.
我 打算 学习 两 年 汉语。

3. 助詞 "了"（2）

動詞の後ろに数量・時量補語あるいは修飾語がある場合は、"了" は動詞のすぐ後に置かれる。

> 主語 ＋ 動詞 ＋ 了 ＋ 数量補語／時量補語／修飾語 ＋（目的語）

Tā mǎile yí jiàn yīfu.
她 买了 一 件 衣服。

Wǒ zài Zhōngguó xuéle yì nián wǔshù.
我 在 中国 学了 一 年 武术。

Wǒ kànle Měiguó de wǎngqiú bǐsài.
我 看了 美国 的 网球 比赛。

練 習

1. 次のピンインを簡体字に書き直したうえで、暗誦しなさい。

    （1）　Shǔjià wǒ hé péngyou qù Díshìní lèyuán le.

    （2）　Wǒmen shì zuò chángtú dàbā qù de.

    （3）　Wǒmen zuòle qī ge duō xiǎoshí.

2. 次の語を正しい順に並べ替え、日本語に訳しなさい。

    （1）　我・坐・的・星期天・是・电车・去

    （2）　是・点心・做・怎么・的・这个

    （3）　游乐园・了・我・两次・黄金周・去

3. 次の日本語を中国語に訳しなさい。

    （1）　昼食は学校の食堂で食べたのです。

    （2）　夕べ、私はテレビを1時間見ました。

    （3）　夏休みに、私は2回生け花を勉強しに行きました。

4. 質問を書き取って、中国語で答えなさい。　　B-22

    （1）
    （2）
    （3）

第十七课 Dì shíqī kè

Nǐmen wánrle duōcháng shíjiān?
你们 玩儿了 多长 时间？

新出語句 B-23

先生の発音を聞きながら、ピンインと簡体字を書きましょう。

1. 玩儿 wánr 動 遊ぶ
2. 从 cóng 前 ～から
3. 上午 shàngwǔ 名 午前
4. 进去 jìnqu 動 入っていく
5. 到 dào 前 ～まで
6. 晚上 wǎnshang 名 夜、晩
7. 才 cái 副 やっと、はじめて
8. 出来 chūlai 動 出てくる
9. 过山车 guòshānchē 名 ジェットコースター
10. 看 kàn 動 見る、読む
11. 游行表演 yóuxíng biǎoyǎn 名 パレード
12. 礼品店 lǐpǐndiàn 名 お土産屋
13. 给 gěi 前 ～に、～のために
14. 同学 tóngxué 名 クラスメート
15. 礼物 lǐwù 名 お土産、贈り物

関連語句 B-24

灰姑娘 Huī gūniang（シンデレラ）
白雪公主 Báixuě gōngzhǔ（白雪姫）
白马王子 Báimǎ wángzǐ（白馬の王子）
美女与野兽 Měinǚ yǔ yěshòu（美女と野獣）

本文　　🔊 B-25

A：Zài Díshìní lèyuán, nǐmen wánrle duōcháng shíjiān?
　　在 迪士尼 乐园， 你们 玩儿了 多长 时间？

B：Wǒmen wánrle yì tiān, cóng shàngwǔ shí diǎn jìnqu, dào wǎnshang jiǔ diǎn cái chūlai.
　　我们 玩儿了 一 天， 从 上午 十 点 进去，到 晚上 九 点 才 出来。

A：Nǐmen dōu wánr shénme le?
　　你们 都 玩儿 什么 了？

B：Wǒmen zuò guòshānchē le, hái kàn yóuxíng biǎoyǎn le.
　　我们 坐 过山车 了， 还 看 游行 表演 了。

A：Ránhòu nǐmen qù nǎr le?
　　然后 你们 去 哪儿 了？

B：Ránhòu wǒmen qù lǐpǐndiàn gěi tóngxué mǎi lǐwù le.
　　然后 我们 去 礼品店 给 同学 买 礼物 了。

ポイント 　 ● B-26

1. 前置詞 "从～"（～から。出発点、開始時間を表す）
　　 "到～"（～まで。到着点、到達時刻を表す）

Wǒmen cóng shàngwǔ shí diǎn jìnqu.
我们 从 上午 十 点 进去。

Nǐ xiànzài dào nǎr qù?
你 现在 到 哪儿 去？

Cóng wǒ jiā dào xuéxiào zuò diànchē yào bàn ge xiǎoshí.
从 我 家 到 学校 坐 电车 要 半 个 小时。

2. 前置詞 "给"（～のために、～する）

主語＋给＋受益者＋動詞＋（目的語）

Gēge gěi wǒ mǎile yì zhī xiǎo māo.
哥哥 给 我 买了 一 只 小 猫。

Māma gěi wǒmen zuòle hěn duō hǎochī de cài.（菜：料理）
妈妈 给 我们 做了 很 多 好吃 的 菜。

3. 補語（3）方向補語 "～来"、"～去"（～てくる。～ていく）

	shàng 上	xià 下	jìn 进	chū 出	huí 回
lái 来	shànglai 上来	xiàlai 下来	jìnlai 进来	chūlai 出来	huílai 回来
qù 去	shàngqu 上去	xiàqu 下去	jìnqu 进去	chūqu 出去	huíqu 回去

Wǒ bàba wǎnshang huílai.
我 爸爸 晚上 回来。

Wǒ shǔjià huí Zhōngguó qù le.
我 暑假 回 中国 去 了。

注：場所目的語は動詞と方向補語の間に置く。

練 習

1. 次のピンインを簡体字に書き直したうえで、暗誦しなさい。

    (1) Wǒmen wánrle yì tiān, cóng shàngwǔ shí diǎn jìnqu, dào wǎnshang jiǔ diǎn cái chūlai.

    (2) Wǒmen zuò guòshānchē le, hái kàn yóuxíng biǎoyǎn le.

    (3) Wǒmen qù lǐpǐndiàn gěi tóngxué mǎi lǐwù le.

2. "从・到"から適切な言葉を選んで空欄に入れ、日本語に訳しなさい。

    (1) 她（　）学校来我家。

    (2) 我（　）邮局去。

    (3) （　）下午四点（　）六点我在图书馆学习。

3. 次の日本語を中国語に訳しなさい。

    (1) 彼女は9時半にやっと家に帰ってきました。

    (2) 私は妹にマフラーを買ってあげました。

    (3) 名古屋から上海まで飛行機で2時間あまりかかります。

4. 質問を書き取って、中国語で答えなさい。　B-27

    (1)

    (2)

    (3)

第十八课 Dì shíbā kè

Nǐ mǎile shénme lǐwù?
你买了什么礼物？

新出語句　B-28

先生の発音を聞きながら、ピンインと簡体字を書きましょう。

1. 米老鼠　Mǐlǎoshǔ　名　ミッキーマウス
2. 文具盒　wénjùhé　名　筆箱
3. 唐老鸭　Tánglǎoyā　名　ドナルドダック
4. 手机链儿　shǒujīliànr　名　携帯ストラップ
5. 一共　yígòng　副　併せて、全部
6. 花　huā　動　費やす、お金を使う
7. 多少钱　duōshao qián　　いくら
8. 千　qiān　数　千
9. 日元　rìyuán　名　日本円
10. 得　de　助　補語を導く
11. 开心　kāixīn　形　楽しい

関連語句　B-29

人民币 rénmínbì（人民元）
美元 měiyuán（アメリカドル）
杯子 bēizi（コップ）
杯托 bēituō（コースター）
明信片 míngxìnpiàn（はがき）

乌龙茶 wūlóngchá（ウーロン茶）
茉莉花茶 mòlìhuāchá（ジャスミン茶）
巧克力 qiǎokèlì（チョコレート）
旗袍 qípáo（チャイナドレス）
毛巾 máojīn（タオル）

ユニット 6　私の休日

本 文 B-30

A： Zài lǐpǐndiàn, nǐ mǎile shénme lǐwù?
在 礼品店, 你 买了 什么 礼物？

B： Wǒ mǎile yí ge Mǐlǎoshǔ de wénjùhé hé liǎng ge Tánglǎoyā de shǒujīliànr.
我 买了 一 个 米老鼠 的 文具盒 和 两 个 唐老鸭 的 手机链儿。

A： Yígòng huāle duōshao qián?
一共 花了 多少 钱？

B： Yígòng huāle wǔqiān rìyuán.
一共 花了 五千 日元。

A： Nǐmen wánr de zěnmeyàng?
你们 玩儿 得 怎么样？

B： Wǒmen wánr de hěn kāixīn.
我们 玩儿 得 很 开心。

ポイント ●B-31

1. 補語（4）様態補語（その動作、行為のあり様を表す）

> 主語 + 動詞 + *得* + 様態補語 　（～は～するのが～である）

Wǒmén wánr de hěn kāixīn.　　Tā chàng de bù hǎotīng.
我们 玩儿 **得** 很 开心。　　他 唱 **得** 不 好听。

注：否定は様態補語の前に"**不**"を置く。

> 主語 + 動詞 + 目的語 + 動詞 + *得* + 様態補語

Tā shuō Hànyǔ shuō de hěn hǎo.
他 说 汉语 说 **得** 很 好。

Tā Hànyǔ shuō de hěn hǎo.
他 汉语 说 **得** 很 好。

Tā shuō de hěn hǎo.
他 说 **得** 很 好。　　注：話題が分かった場合、最初の動詞と目的語が省略できる。

2. お金の数え方

【日本円】

| yí rìyuán | wǔ rìyuán | shí rìyuán | wǔshí rìyuán |
| 一 日元 | 五 日元 | 十 日元 | 五十 日元 |

yìbǎi rìyuán　　wǔbǎi rìyuán
一百 日元　　五百 日元

yìqiān rìyuán　　wǔqiān rìyuán　　yíwàn rìyuán
一千 日元　　五千 日元　　一万 日元

【人民元】

yì fēn　　liǎng fēn　　wǔ fēn
一 分　　两 分　　五 分

yì jiǎo　　liǎng jiǎo　　wǔ jiǎo
一 角　　两 角　　五 角

yì yuán　　liǎng yuán　　wǔ yuán
一 元　　两 元　　五 元

shí yuán　　èrshí yuán　　wǔshí yuán　　yìbǎi yuán
十 元　　二十 元　　五十 元　　一百 元

注：話し言葉では"**元**"は"**块 kuài**"、"**角**"は"**毛 máo**"と言う。

一元＝十角　　一角＝十分

練 習

1. 次のピンインを簡体字に書き直したうえで、暗誦しなさい。

　　（1）　Wǒ mǎile yí ge Mǐlǎoshǔ de wénjùhé hé liǎng ge Tánglǎoyā de shǒujīliànr.
　　　　　--

　　（2）　Yígòng huāle wǔqiān rìyuán.
　　　　　--

　　（3）　Wǒmen wánr de hěn kāixīn.
　　　　　--

2. 次の言葉を正しく発音しなさい。

　　（1）　四十日元　　　　（2）　一百日元　　　　（3）　两千日元

　　（4）　五万七千日元　　（5）　六角八分　　　　（6）　三元九角

3. 次の日本語を中国語に訳しなさい。

　　（1）　私はディズニーランドでミッキーマウスのコップを3つ買いました。
　　　　　--

　　（2）　彼女はピアノを弾くのがとても上手です。
　　　　　--

　　（3）　彼は料理をつくるのが下手です。
　　　　　--

4. 質問を書き取って、中国語で答えなさい。　　🅱B-32

　　（1）　--
　　（2）　--
　　（3）　--

ユニット6のまとめ

● B-33 ゆっくり
● B-34 ふつう

Wǒ de jiàrì
我 的 假日

1. 暑假我和朋友去迪士尼乐园了。

2. 我们是坐长途大巴去的。

3. 我们坐了七个多小时。

4. 我们玩儿了一天，从上午十点进去，到晚上九点才出来。

5. 我们坐过山车了，还看游行表演了。

6. 然后我们去礼品店给同学买礼物了。

7. 在礼品店，我买了一个米老鼠的文具盒和两个唐老鸭的手机链儿。

8. 一共花了五千日元。

9. 我们玩儿得很开心。

チャレンジ！
□ 1.発音練習（→ 各課本文 B）
□ 2.暗記

マイストーリー

"我的假日"について書きなさい。

第十九课 | Dì shíjiǔ kè
Nǐ kànguo Zhōngguó diànyǐng ma? 你看过中国电影吗？

新出語句 🔊 B-35

先生の発音を聞きながら、ピンインと簡体字を書きましょう。✍

1. 过　　　guo　　　　　助　　～したことがある
2. 电影　　diànyǐng　　　名　　映画
3. 最近　　zuìjìn　　　　副　　最近、近頃
4. 《非诚勿扰》Fēichéngwùrǎo　映画の題名。邦題「狙った恋の落とし方」
5. 部　　　bù　　　　　　量　　映画を数える
6. 听说　　tīngshuō　　　動　　聞くところによると、～だそうだ
7. 有意思　yǒu yìsi　　　形　　面白い
8. 喜剧片　xǐjùpiàn　　　名　　コメディ映画
9. 推荐　　tuījiàn　　　　動　　勧める

関連語句 🔊 B-36

小说 xiǎoshuō（小説）　　　　　历史剧 lìshǐjù（時代劇）
漫画 mànhuà（マンガ）　　　　动漫片 dòngmànpiàn（アニメ映画）
报纸 bàozhǐ（新聞）　　　　　电视剧 diànshìjù（テレビドラマ）
杂志 zázhì（雑誌）　　　　　　爱情片 àiqíngpiàn（ラブストーリー）
科幻片 kēhuànpiàn（SF映画）　武打片 wǔdǎpiàn（アクション映画）

ユニット7 中国映画

本 文　　🔘 B-37

A：　Nǐ　kànguo　Zhōngguó　diànyǐng　ma?
　　你　看过　中国　电影　吗？

B：　Wǒ　kànguo　Zhōngguó　diànyǐng.
　　我　看过　中国　电影。

A：　Zuìjìn　nǐ　kànle　shénme　diànyǐng?
　　最近　你　看了　什么　电影？

B：　Zuìjìn　wǒ　kànle　Fēichéngwùrǎo.
　　最近　我　看了　《非诚勿扰》。

A：　Tīngshuō　zhè　bù　diànyǐng　fēicháng　yǒu　yìsi,　shì　ma?
　　听说　这　部　电影　非常　有　意思，是　吗？

B：　Shì,　zhè　shì　yí　bù　xǐjùpiàn.　Wǒ　tuījiàn　nǐ　yě　qù
　　是，这　是　一　部　喜剧片。我　推荐　你　也　去

　　kànkan.
　　看看。

ポイント　●B-38

1. 助詞 "过"（経験を表す。～したことがある）

主語 ＋ 動詞 ＋ 过 ＋ (目的語)

Tiánzhōng qùguo Zhōngguó.
田中　　去过　中国。

Tā zuòguo fēijī.
他　坐过　飞机。

Wǒ méiyǒu chīguo Fǎguó cài.
我　没有　吃过　法国　菜。

Wǒ méiyǒu dǎguo wǎngqiú.
我　没有　打过　网球。

注：否定は"没"か"没有"を用い、"过"をつけたままにする。

2. 動詞 "听说"（聞くところによると、～だそうだ）

Tīngshuō zhè bù diànyǐng fēicháng yǒu yìsi.
听说　这　部　电影　非常　有　意思。

Wǒ tīngshuō tā qù Hánguó lǚyóu le.
我　听说　她　去　韩国　旅游　了。

Wǒ méiyǒu tīngshuō míngtiān yǒu Hànyǔ kè.
我　没有　听说　明天　有　汉语　课。

注：否定は"没"か"没有"を用いる。

3. 動詞の重ね型（ちょっと～する。試しに～してみる）

ＡＡ型
tīngting
听听

Xīngqītiān wǒ zài jiā tīngting yīnyuè.
星期天　我　在家　听听　音乐。

ＡＢＡＢ型
liànxílianxi
练习练习

Wǒmen liànxílianxi pīngpāngqiú ba.
我们　练习练习　乒乓球　吧。

練 習

1. 次のピンインを簡体字に書き直したうえで、暗誦しなさい。

    (1) Wǒ kànguo Zhōngguó diànyǐng.

    (2) Zuìjìn wǒ kànle《Fēichéngwùrǎo》.

    (3) Zhè shì yí bù xǐjùpiàn. Wǒ tuījiàn nǐ yě qù kànkan.

2. "了・过"から適切な言葉を選んで空欄に入れ、日本語に訳しなさい。

    (1) 早上她去学校（　　）。

    (2) 我没有去（　　）美国。

    (3) 我学（　　）汉语。

3. 次の日本語を中国語に訳しなさい。

    (1) 私はディズニーランドに行ったことがあります。

    (2) 私はお酒を飲んだことがありません。

    (3) 聞くところによると、彼女が作ったお菓子はとてもおいしいそうです。

4. 質問を書き取って、中国語で答えなさい。　B-39

    (1)
    (2)
    (3)

第二十课 | Dì èrshí kè

这部电影是什么内容? | Zhè bù diànyǐng shì shénme nèiróng?

新出語句 🅑 B-40

先生の発音を聞きながら、ピンインと簡体字を書きましょう。 ✎

№	簡体字	ピンイン	品詞	意味
1.	内容	nèiróng	名	内容
2.	中年	zhōngnián	名	中年
3.	男人	nánrén	名	男の人
4.	网上	wǎngshàng	名	ネット上
5.	征婚	zhēnghūn	動	結婚相手を募集する
6.	故事	gùshi	名	物語
7.	要	yào	助動	～しようとする、～したい、～しなければならない
8.	虽然～, 但是～	suīrán~, dànshì~		～だが、しかし～
9.	在～上	zài~shang		～の方面で、～の上で
10.	事业	shìyè	名	事業、仕事
11.	成功	chénggōng	動	成功する
12.	爱情	àiqíng	名	愛情
13.	总是	zǒngshì	副	いつも、ずっと
14.	如意	rúyì	動	思い通りになる
15.	终于	zhōngyú	副	とうとう、ついに
16.	找到	zhǎodào	動	見つかる、見つける
17.	女朋友	nǚpéngyou	名	ガールフレンド

103

本 文   B-41

A: Zhè bù diànyǐng shì shénme nèiróng?
这 部 电影 是 什么 内容?

B: Zhè bù diànyǐng de nèiróng shì yí ge zhōngnián nánrén wǎngshàng zhēnghūn de gùshi.
这 部 电影 的 内容 是 一 个 中年 男人 网上 征婚 的 故事。

A: Tā wèi shénme yào wǎngshàng zhēnghūn?
他 为 什么 要 网上 征婚?

B: Tā suīrán zài shìyè shang chénggōng le, dànshì zài àiqíng shang zǒngshì bù rúyì.
他 虽然 在 事业 上 成功 了, 但是 在 爱情 上 总是 不 如意。

A: Tā chénggōng le ma?
他 成功 了 吗?

B: Tā zhōngyú zhǎodào nǚpéngyou le.
他 终于 找到 女朋友 了。

ポイント ●B-42

1. 助動詞 "要"（～しようとする。～したい。～しなければならない）

主語 + 要 + 動詞 + （目的語）

Tā wèi shénme yào wǎngshàng zhēnghūn?
他 为 什么 要 网上 征婚？

Jīntiān yǒu kè, wǒ yào qù xuéxiào.
今天 有 课, 我 要 去 学校。

Wǒ bù xiǎng mǎi nà jiàn yīfu.
我 不 想 买 那 件 衣服。

注："要"の否定は "不想" を用いる

2. "虽然～，但是～"（～だが、しかし～）

Wǒ suīrán xiǎng mǎi nà tiáo wéijīn, dànshì wǒ méiyǒu qián.
我 虽然 想 买 那 条 围巾, 但是 我 没有 钱。（钱：お金）

Tā suīrán méiyǒu qùguo Zhōngguó, dànshì tā huì shuō Hànyǔ.
他 虽然 没有 去过 中国, 但是 他 会 说 汉语。

3. "在～上"（～の方面で、～において）

Tā zài àihào shang, huāle hěn duō de qián hé shíjiān.
他 在 爱好 上, 花了 很 多 的 钱 和 时间。（时间：時間）

Zài xuéxí Hànyǔ shang, yīnggāi duō tīng duō shuō.
在 学习 汉语 上, 应该 多 听 多 说。

練 習

1. 次のピンインを簡体字に書き直したうえで、暗誦しなさい。

　　(1) Zhè bù diànyǐng de nèiróng shì yí ge zhōngnián nánrén wǎngshàng zhēnghūn de gùshi.

　　(2) Tā suīrán zài shìyè shang chénggōng le, dànshì zài àiqíng shang zǒngshì bù rúyì.

　　(3) Tā zhōngyú zhǎodào nǚpéngyou le.

2. 次の語を正しい語順に並べ替え、日本語に訳しなさい。

　　(1) 多听・学习・要・多说・汉语

　　(2) 事业・他・上・在・成功・很

　　(3) 没有・喜欢・买・虽然・那件・我・衣服・但是

3. 次の日本語を中国語に訳しなさい。

　　(1) 私の家は学校まで遠いけれど、毎日自転車で行きます。

　　(2) 私は学校に行って、授業に出なければなりません。

　　(3) 私はテレビで彼を見たことがあります。

4. 質問を書き取って、中国語で答えなさい。　　B-43

　　(1)
　　(2)
　　(3)

第二十一课 | 这部电影是在哪儿拍的?
Dì èrshíyī kè　Zhè bù diànyǐng shì zài nǎr pāi de?

新出語句　🔊 B-44

先生の発音を聞きながら、ピンインと簡体字を書きましょう。

1. 拍　pāi　動　撮影する
2. 部分　bùfen　名　部分、一部分
3. 场面　chǎngmiàn　名　場面、シーン
4. 北海道　Běihǎidào　名　北海道
5. 好像　hǎoxiàng　副　〜のようだ、〜らしい
6. 掀起　xiānqǐ　動　巻き起こす
7. 热　rè　接尾　〜ブーム
8. 感想　gǎnxiǎng　名　感想、感じ
9. 被　bèi　前　〜に〜される
10. 感动　gǎndòng　動　感動する

関連語句　🔊 B-45

表扬 biǎoyáng（褒める）
批评 pīpíng（叱る）
知道 zhīdào（知る）
告诉 gàosu（告げる）
笑 xiào（笑う）

哭 kū（泣く）
偶像 ǒuxiàng（アイドル）
人气 rénqì（人気）
影迷 yǐngmí（映画ファン）
排行榜 páihángbǎng（ランキング）

本 文　　🔘 B-46

A: Zhè bù diànyǐng shì zài nǎr pāi de?
　　这 部 电影 是 在 哪儿 拍 的？

B: Yí bùfen chǎngmiàn shì zài Běihǎidào pāi de.
　　一 部分 场面 是 在 北海道 拍 的。

A: Tīngshuō Zhōngguórén kànle yǐhòu, dōu xiǎng qù Běihǎidào kànkan.
　　听说 中国人 看了 以后，都 想 去 北海道 看看。

B: Hǎoxiàng shì. Zhè bù diànyǐng xiānqǐle Běihǎidào de lǚyóu rè.
　　好像 是。这 部 电影 掀起了 北海道 的 旅游 热。

A: Kànle zhè bù diànyǐng, nǐ yǒu shénme gǎnxiǎng?
　　看了 这 部 电影，你 有 什么 感想？

B: Wǒ bèi zhège gùshi gǎndòng le.
　　我 被 这个 故事 感动 了。

ポイント ●B-47

1. "好像" (～のようだ。～らしい)

Tā hǎoxiàng zhīdàole zhè jiàn shì.
他 好像 知道了 这 件 事。(事：こと)

Zuǒténg hǎoxiàng bù xǐhuan chī xīcān.
佐藤 好像 不 喜欢 吃 西餐。

Tā hǎoxiàng yǒu nánpéngyou le.
她 好像 有 男朋友 了。(男朋友：ボーイフレンド)

2. 接尾語 "～热" (～ブーム)

wàiyǔ rè
外语 热 (外国語ブーム)

chūguó rè
出国 热 (出国ブーム)

kǎlā rè
卡拉OK 热 (カラオケブーム)

zúqiú rè
足球 热 (サッカーブーム)

3. 受身文 "被～" (～に～される。～によって～される)

主語(受動者) + 被 + 目的語(動作主) + 動詞

Wǒ bèi zhège gùshi gǎndòng le.
我 被 这个 故事 感动 了。

Lǎoshī biǎoyáng tā le.　　　　Tā bèi lǎoshī biǎoyáng le.
老师 表扬 他 了。 ⟶ 他 被 老师 表扬 了。

Lǎoshī méiyǒu pīpíng tā.　　　Tā méiyǒu bèi lǎoshī pīpíng.
老师 没有 批评 他。 ⟶ 他 没有 被 老师 批评。

注：否定は "没" か "没有" を用いる。

練習

1. 次のピンインを簡体字に書き直したうえで、暗誦しなさい。

    (1) Zhè bù diànyǐng de yí bùfen chǎngmiàn shì zài Běihǎidào pāi de.

    (2) Zhè bù diànyǐng xiānqǐle Běihǎidào de lǚyóu rè.

    (3) Wǒ bèi zhège gùshi gǎndòng le.

2. 次の文を受身文に直し、日本語に訳しなさい。

    (1) 老师表扬我了。

    (2) 这个故事感动我了。

    (3) 很多人知道他。

3. 次の日本語を中国語に訳しなさい。

    (1) 私はテレビを見たあと、そこに行ってみたいと思っています。

    (2) 彼は中国語が話せるようです。

    (3) この映画は日本でサッカーブームを巻き起こしました。

4. 質問を書き取って、中国語で答えなさい。　　B-48

    (1)

    (2)

    (3)

ユニット7のまとめ

 B-49 ゆっくり
● B-50 ふつう

Zhōngguó diànyǐng
中国　电影

1. 我看过中国电影。

2. 最近我看了《非诚勿扰》。

3. 这是一部喜剧片，我推荐你也去看看。

4. 这部电影的内容是一个中年男人网上征婚的故事。

5. 他虽然在事业上成功了，但是在爱情上总是不如意。

6. 他终于找到女朋友了。

7. 这部电影的一部分场面是在北海道拍的。

8. 这部电影掀起了北海道的旅游热。

9. 我被这个故事感动了。

チャレンジ！
☐ 1. 発音練習（→各課本文B）
☐ 2. 暗記

マイストーリー

"○○电影"について書きなさい。

マイストーリー

第二十二课 Dì èrshí'èr kè
新年你打算做什么? Xīnnián nǐ dǎsuàn zuò shénme?

新出語句 ◎ B-51

先生の発音を聞きながら、ピンインと簡体字を書きましょう。

1.	快要〜了	kuàiyào~le		間もなく〜する
2.	到	dào	動	到着する、到達する
3.	新年	xīnnián	名	新年、正月
4.	全家人	quánjiārén	名	家族全員
5.	一起	yìqǐ	副	一緒に
6.	回	huí	動	帰る、戻る
7.	老家	lǎojiā	名	実家、故郷
8.	飞机	fēijī	名	飛行機
9.	回去	huíqu	動	帰っていく
10.	还是	háishi	接	それとも
11.	轮船	lúnchuán	名	船、フェリー
12.	比较	bǐjiào	副	比較的に、割に

関連語句 ◎ B-52

生日 shēngrì（誕生日）
元旦 Yuándàn（元旦）
春节 Chūnjié（旧正月）
成人节 Chéngrén Jié（成人の日）

母亲节 Mǔqīn Jié（母の日）
父亲节 Fùqīn Jié（父の日）
圣诞节 Shèngdàn Jié（クリスマス）
情人节 Qíngrén Jié（バレンタインデー）

ユニット **8** 年越し

本 文　　B-53

A：Kuàiyào dào xīnnián le, nǐ dǎsuàn zuò shénme?
　　快要 到 新年 了，你 打算 做 什么？

B：Wǒ dǎsuàn hé quánjiārén yìqǐ huí lǎojiā.
　　我 打算 和 全家人 一起 回 老家。

A：Nǐ de lǎojiā zài nǎr?
　　你 的 老家 在 哪儿？

B：Wǒ de lǎojiā zài Běihǎidào.
　　我 的 老家 在 北海道。

A：Nǐmen zuò fēijī huíqu, háishi zuò lúnchuán huíqu?
　　你们 坐 飞机 回去，还是 坐 轮船 回去？

B：Mínggǔwū lí Běihǎidào hěn yuǎn, suǒyǐ wǒmen dǎsuàn zuò fēijī
　　名古屋 离 北海道 很 远，所以 我们 打算 坐 飞机
huíqu.
回去。

ポイント ● B-54

1. "快要〜了" "快〜了"（間もなく〜する。もうすぐ〜する）

Kuàiyào dào Mǔqīn Jié le.
快要 到 母亲节 了。

Wǒ de shēngrì kuàiyào dào le.
我 的 生日 快要 到 了。

Xiànzài kuài qī diǎn le.
现在 快 七 点 了。

2. "和〜一起"（〜と一緒に）

Wǒ dǎsuàn hé quánjiārén yìqǐ huí lǎojiā.
我 打算 和 全家人 一起 回 老家。

Wǒ hé tā yìqǐ kàn diànyǐng.
我 和 他 一起 看 电影。

Jīntiān wǒ hé Tiánzhōng yìqǐ chī wǎnfàn.
今天 我 和 田中 一起 吃 晚饭。

3. 疑問文（5）選択疑問文 "还是"（〜それとも）

Nǐmen zuò fēijī huíqu, háishi zuò lúnchuán huíqu?
你们 坐 飞机 回去，还是 坐 轮船 回去？

Nǐ shì Zhōngguórén, háishi Rìběnrén?
你 是 中国人，还是 日本人？

Nǐ hē kāfēi, háishi hē hóngchá?
你 喝 咖啡，还是 喝 红茶？

練 習

1. 次のピンインを簡体字に書き直したうえで、暗誦しなさい。

    (1) Wǒ dǎsuàn hé quánjiārén yìqǐ huí lǎojiā.

    (2) Wǒ de lǎojiā zài Běihǎidào.

    (3) Mínggǔwū lí Běihǎidào hěn yuǎn, suǒyǐ wǒmen dǎsuàn zuò fēijī huíqu.

2. 次の語を正しい順に並べ替え、日本語に訳しなさい。

    (1) 了・寒假・到・快要

    (2) 表扬・他・还是・被・了・老师・被・了・批评・老师

    (3) 和・打算・北海道・我・一起・朋友・去

3. 次の日本語を中国語に訳しなさい。

    (1) 私はお正月に実家に帰るつもりです。

    (2) あなたは日曜日に家でテレビを見ますか、それとも買物に行きますか？

    (3) もうすぐバレンタインデーです。ボーイフレンドへプレゼントを買いたいです。

4. 質問を書き取って、中国語で答えなさい。　　B-55

    (1)

    (2)

    (3)

第二十三课 Dì èrshísān kè

北海道 比 名古屋 冷 吧？
Běihǎidào bǐ Mínggǔwū lěng ba?

新出語句　B-56

先生の発音を聞きながら、ピンインと簡体字を書きましょう。

1. 冬天　dōngtiān　名　冬
2. 比　bǐ　前　～より
3. 冷　lěng　形　寒い
4. 不过　búguò　接　ただし、でも
5. 爷爷　yéye　名　（父方の）祖父
6. 奶奶　nǎinai　名　（父方の）祖母
7. 盼着　pànzhe　　～を楽しみにしている
8. 对　duì　形　正しい
9. 一直　yìzhí　副　ずっと
10. 准备　zhǔnbèi　動　準備する
11. 东西　dōngxi　名　物、品物
12. 压岁钱　yāsuìqián　名　お年玉

関連語句　B-57

春天 chūntiān（春）
夏天 xiàtiān（夏）
秋天 qiūtiān（秋）
暖和 nuǎnhuo（暖かい）

热 rè（暑い）
凉快 liángkuai（涼しい）
快 kuài（早い）
慢 màn（遅い）

ユニット **8** 年越し

本 文　　🔊 B-58

A：　Dōngtiān de Běihǎidào bǐ Mínggǔwū lěng ba?
　　　冬天　的　北海道　比　名古屋　冷　吧？

B：　Dōngtiān de Běihǎidào bǐ Mínggǔwū lěng de duō.
　　　冬天　的　北海道　比　名古屋　冷　得　多。

A：　Búguò, nǐ yéye、nǎinai yídìng pànzhe nǐmen huíqu ba?
　　　不过，你　爷爷、奶奶　一定　盼着　你们　回去　吧？

B：　Duì, wǒ yéye、nǎinai yìzhí pànzhe wǒmen huíqu.
　　　对，我　爷爷、奶奶　一直　盼着　我们　回去。

A：　Tāmen dōu gěi nǐmen zhǔnbèi shénme?
　　　他们　都　给　你们　准备　什么？

B：　Tāmen zǒngshì gěi wǒmen zhǔnbèi hěn duō hǎochī de dōngxi,
　　　他们　总是　给　我们　准备　很　多　好吃　的　东西，

　　　hái yǒu yāsuìqián.
　　　还　有　压岁钱。

ポイント　● B-59

1. 比較の表現 "比"（〜より）

> A 比 B ＋ 形容詞　（A は B より〜だ）

Tā jiā bǐ wǒ jiā yuǎn.
他 家 **比** 我 家 远。

Qí zìxíngchē bǐ zǒulù kuài.
骑 自行车 **比** 走路 快。

Tā Hànyǔ bǐ wǒ shuō de hǎo.
他 汉语 **比** 我 说 得 好。

> A 没有 B ＋ 形容詞　（A は B ほど〜ではない）

Jīntiān méiyǒu zuótiān rè.
今天 **没有** 昨天 热。

Wǒ de shū méiyǒu tā duō.
我 的 书 **没有** 他 多。

2. 補語（5）程度補語

形容詞の後ろに "得+很" や "得+多" などを伴い、そのありさまの程度を表す。
（すごく〜だ、ひどく〜だ、ずいぶん〜だ）

> 主語 ＋ 形容詞 ＋ 得 ＋ 很/多

Jīntiān rè de hěn.
今天 热 **得 很**。

Zhège kāfēi hǎohē de hěn.
这个 咖啡 好喝 **得 很**。

Jīnnián de chūntiān bǐ qùnián nuǎnhuo de duō.
今年 的 春天 比 去年 暖和 **得 多**。

練 習

1. 次のピンインを簡体字に書き直したうえで、暗誦しなさい。

    (1) Dōngtiān de Běihǎidào bǐ Mínggǔwū lěng de duō.

    (2) Wǒ yéye、nǎinai yìzhí pànzhe wǒmen huíqu.

    (3) Tāmen zǒngshì gěi wǒmen zhǔnbèi hěn duō hǎochī de dōngxi, hái yǒu yāsuìqián.

2. 次の文を同じ意味になるよう否定文に直し、日本語に訳しなさい。

    (1) 这个点心比那个点心好吃。

    (2) 他看的小说比我多。

    (3) 她比我玩儿得开心。

3. 次の日本語を中国語に訳しなさい。

    (1) 夏の北海道は大阪よりずっと涼しいです。

    (2) 私の携帯電話は彼女のものほどきれいではありません。

    (3) 彼女は私より歩くのが遅いです。

4. 質問を書き取って、中国語で答えなさい。　🔘 B-60

    (1)

    (2)

    (3)

第二十四课 Dì èrshísì kè

你们 怎么 过 新年? Nǐmen zěnme guò xīnnián?

新出語句　B-61

先生の発音を聞きながら、ピンインと簡体字を書きましょう。

1. 过　　guò　　動　　過ごす
2. 除夕　　chúxī　　名　　大晦日、大晦日の夜
3. 一边〜，一边〜　　yìbiān〜, yìbiān〜　　〜しながら、〜する
4. 年夜饭　　niányèfàn　　名　　大晦日に一家そろってとる食事
5. 红白歌合战　　Hóngbái gē hézhàn　　紅白歌合戦
6. 神社　　shénshè　　名　　神社
7. 参拜　　cānbài　　動　　参拝する
8. 元旦　　Yuándàn　　名　　元旦
9. 许愿　　xǔyuàn　　動　　願いをかける
10. 祝　　zhù　　動　　願う、祈る
11. 健康　　jiànkāng　　名　　健康
12. 幸福　　xìngfú　　名　　幸せ、幸福
13. 生活　　shēnghuó　　名　　生活
14. 越来越〜　　yuè lái yuè〜　　ますます〜になる

関連語句　B-62

包饺子 bāo jiǎozi（ギョーザをつくる）　　煎饺 jiānjiǎo（焼きギョーザ）
小笼包 xiǎolóngbāo（ショーロンポー）　　粽子 zòngzi（ちまき）
炒饭 chǎofàn（チャーハン）　　春卷 chūnjuǎn（はるまき）

本 文　　🔊 B-63

A：Nǐmen zěnme guò xīnnián?
你们 怎么 过 新年？

B：Chúxī, wǒmen yìbiān chī niányèfàn, yìbiān kàn Hóngbái gē hézhàn.
除夕，我们 一边 吃 年夜饭，一边 看 红白 歌 合战。

A：Nǐmen qù shénshè cānbài ma?
你们 去 神社 参拜 吗？

B：Yuándàn zǎoshang wǒmen qù fùjìn de shénshè cānbài.
元旦 早上 我们 去 附近 的 神社 参拜。

A：Nǐ jīnnián xiǎng xǔ shénme yuàn?
你 今年 想 许 什么 愿？

B：Wǒ xiǎng zhù quánjiārén jiànkāng xìngfú, shēnghuó yuè lái yuè hǎo!
我 想 祝 全家人 健康 幸福，生活 越 来 越 好！

ポイント　 🔘 B-64

1. "一边～,一边～"（～しながら、～する）

Wǒmen yìbiān chī niányèfàn, yìbiān kàn Hóngbái gē hézhàn.
我们 一边 吃 年夜饭，一边 看 红白 歌 合战。

Tā yìbiān zuò fàn, yìbiān tīng yīnyuè.
她 一边 做 饭，一边 听 音乐。

Tā yìbiān zài gōngsī gōngzuò, yìbiān zài dàxué xuéxí.
他 一边 在 公司 工作，一边 在 大学 学习。

2. "越来越～"（ますます～になる）

Zhù quánjiārén jiànkāng xìngfú, shēnghuó yuè lái yuè hǎo!
祝 全家人 健康 幸福，生活 越 来 越 好！

Tā zuò de fàn yuè lái yuè hǎochī.
她 做 的 饭 越 来 越 好吃。

Lái Rìběn lǚyóu de Zhōngguórén yuè lái yuè duō.
来 日本 旅游 的 中国人 越 来 越 多。

練習

1. 次のピンインを簡体字に書き直したうえで、暗誦しなさい。

    (1) Chúxī, wǒmen yìbiān chī niányèfàn, yìbiān kàn Hóngbái gē hézhàn.

    (2) Yuándàn zǎoshang wǒmen qù fùjìn de shénshè cānbài.

    (3) Wǒ xiǎng zhù quánjiārén jiànkāng xìngfú, shēnghuó yuè lái yuè hǎo.

2. 次の語を正しい順に並べ替え、日本語に訳しなさい。

    (1) 饭・电视・一边・吃・她・看・一边

    (2) 汉语・好・她・越来越・的

    (3) 七号・北海道・二月・我・去・旅游

3. 次の日本語を中国語に訳しなさい。

    (1) 私はますます中国語が好きになりました。

    (2) あなたのご健康とお幸せをお祈りします。

    (3) 私は音楽を聞きながら勉強します。

4. 質問を書き取って、中国語で答えなさい。　　B-65

    (1)
    (2)
    (3)

ユニット8のまとめ

○ B-66 ゆっくり
○ B-67 ふつう

Guò xīnnián
过 新年

1. 快要到新年了，我打算和全家人一起回老家。

2. 我的老家在北海道。

3. 名古屋离北海道很远，所以我们打算坐飞机回去。

4. 冬天的北海道比名古屋冷得多。

5. 我爷爷、奶奶一直盼着我们回去。

6. 他们总是给我们准备很多好吃的东西，还有压岁钱。

7. 除夕，我们一边吃年夜饭，一边看红白歌合战。

8. 元旦早上我们去附近的神社参拜。

9. 我想祝全家人健康幸福，生活越来越好！

チャレンジ！
☐ 1. 発音練習 （→各課本文B）
☐ 2. 暗記

マイストーリー

"过新年" について書きなさい。

語句索引

— A —

àihào	爱好	趣味	71
àiqíng	爱情	愛情	103
àiqíngpiàn	爱情片	ラブストーリー	99
àiren	爱人	配偶者	63

— B —

bàba	爸爸	父さん、父	61、63
ba	吧	推量、勧誘などの語気を表す	65
bái	白	白い	29
Báimǎ wángzǐ	白马王子	白馬の王子	89
Báixuě gōngzhǔ	白雪公主	白雪姫	89
bǎihuò shāngdiàn	百货商店	百貨店	37
bàn	半	半分、2分の1	47
bāo jiǎozi	包饺子	ギョーザをつくる	121
bàozhǐ	报纸	新聞	99
bēituō	杯托	コースター	93
bēizi	杯子	コップ	93
Běihǎidào	北海道	北海道	107
bèi	被	〜に〜される	107
bǐ	比	〜より	117
bǐjiào	比较	比較的に、割に	113
bǐrú shuō	比如说	例えば	79
bǐsài	比赛	試合	51
bǐ	笔	ペン	29
biànlìdiàn	便利店	コンビニ	37
biǎoyáng	表扬	褒める	107
bù	不	否定を表す	17、33
búguò	不过	ただし、でも	117
Bú kèqi	不客气	どういたしまして	11
bú tài	不太〜	あまり〜ない	57
bù	部	映画を数える	99
bùfen	部分	部分、一部分	107

— C —

cái	才	やっと、はじめて	89
cài	菜	料理	91
cānbài	参拜	参拝する	121
cānjiā	参加	参加する	51
chāhuā	插花	生け花	71
chádào	茶道	茶道	71
chà	差	足りない	45
chángtú dàbā	长途大巴	長距離バス	85
chǎngmiàn	场面	場面、シーン	107
chàng gē	唱歌	歌を歌う	75
chāoshì	超市	スーパーマーケット	37
chǎofàn	炒饭	チャーハン	121
chēzhàn	车站	駅	57
chènshān	衬衫	シャツ	29
chéng	橙	オレンジ色の	29
chénggōng	成功	成功する	103
Chéngrén Jié	成人节	成人の日	113
chéngyuán	成员	メンバー	65
chī	吃	食べる	23、43
chǒngwù	宠物	ペット	65
chōu yān	抽烟	タバコを吸う	75
Chū cì jiànmiàn	初次见面	はじめまして	11
chūlai	出来	出てくる	89
chūmén	出门	出かける、家を出る	43
chúle	除了	〜を除いて、〜のほかに	79
chúxī	除夕	大晦日、大晦日の夜	121
chūnjià	春假	春休み	85
Chūnjié	春节	旧正月	113
chūnjuǎn	春卷	はるまき	121
chūntiān	春天	春	117
cídiǎn	词典	辞書	29、49
cì	次	回数を表す	51
cóng	从	〜から	89

— D —

dǎ bàngqiú	打棒球	野球をする	51
dǎgōng	打工	アルバイトをする	47
dǎ pīngpāngqiú	打乒乓球	卓球をする	51
dǎsǎo	打扫	掃除する	47
dǎsuàn	打算	〜するつもりだ、〜する予定だ	79
dǎ lánqiú	打篮球	バスケットボールをする	51

127

dǎ wǎngqiú	打网球	テニスをする	51
dàxuéshēng	大学生	大学生	15
dàngāo	蛋糕	ケーキ	23
dànshì	但是	しかし	75
dào	到	～まで	89
dào	到	到着する、到達する	113
de	的	～の	19
de	得	補語を導く	93
děngdeng	等等	～など	79
Díshìní lèyuán	迪士尼乐园	ディズニーランド	85
dìdi	弟弟	弟	63
diǎn	点	～時	43
diǎnxin	点心	お菓子	23
diànhuà	电话	電話	33
diànnǎo	电脑	パソコン	33
diànshì	电视	テレビ	33
diànshìjù	电视剧	テレビドラマ	99
diànyǐng	电影	映画	99
diànyǐngyuàn	电影院	映画館	37
diànyuán	店员	店員	61
dōngxi	东西	物、品物	117
dōngtiān	冬天	冬	117
dòngmànpiàn	动漫片	アニメ映画	99
dòngwùyuán	动物园	動物園	85
dōu	都	みんな、全部	33
duǎnqī liúxué	短期留学	短期留学	85
duì	对	正しい	117
Duìbuqǐ	对不起	ごめんなさい	11
duì~láishuō	对～来说	～にとって	65
duō	多	多い	81
duō	多	たくさん	75
duō	多	～あまり	85
duōcháng shíjiān	多长时间	(時間が)どのくらい	47
duōdà	多大	何歳、どれくらい	19
duōshao qián	多少钱	いくら	93

— E —

érzi	儿子	息子	63
èrhú	二胡	(楽器)二胡	79

— F —

fāyīn	发音	発音	23
fā yóujiàn	发邮件	メールを送る	47
Fǎguó	法国	フランス	15

fǎlǜ	法律	法律	19
Fǎyǔ	法语	フランス語	19
fāngbiànmiàn	方便面	インスタントラーメン 37
fàngjià	放假	休みになる	85
fàngxué	放学	学校が終わる	47
fēicháng	非常	非常に	65
Fēichéngwùrǎo	《非诚勿扰》	「狙った恋の落とし方」(映画の邦題)	99
fēijī	飞机	飛行機	113
fēn zhōng	分钟	～分間	47
fěn	粉	ピンクの	29
fùjìn	附近	付近、近所	57
Fùqīn Jié	父亲节	父の日	113

— G —

gǎndòng	感动	感動する	107
gǎnxiǎng	感想	感想、感じ	107
gàosu	告诉	告げる	107
gēge	哥哥	兄さん、兄	61、63
gēshǒu	歌手	歌手	61
ge	个	人、物、時間などを数える	51
gěi	给	～に、～のために	89
gōngchéngshī	工程师	エンジニア	61
gōngzuò	工作	仕事/働く	61
gōngsī	公司	会社	61
gōngyuán	公园	公園	57
gǒu	狗	犬、戌(いぬ)	49、65
gùshi	故事	物語	103
guò	过	過ごす	121
guòshānchē	过山车	ジェットコースタ	89
guo	过	～したことがある	99

— H —

hái	还	また、さらに	57
hái kěyǐ	还可以	まあまあ	75
háishi	还是	それとも	113
hǎibiānr	海边儿	海辺	85
hǎiwài lǚyóu	海外旅游	海外旅行	85
hánjià	寒假	冬休み	85
Hányǔ	韩语	韓国語	19
hànbǎobāo	汉堡包	ハンバーガー	37
Hànyǔ	汉语	中国語	19
hǎochī	好吃	(食べ物が)美味しい	23

pinyin	中文	日本語	頁
hǎohē	好喝	（飲み物が）美味しい	23
hǎokàn	好看	美しい	23
hǎotīng	好听	（声や音などが）きれいだ	23
hǎoxiàng	好像	〜のようだ、〜らしい	107
hē	喝	飲む	23
hē jiǔ	喝酒	お酒を飲む	75
hé	和	〜と、及び	61
hé	和	〜と	71
héchàng	合唱	合唱	51
hēi	黑	黒い	29、33
hěn	很	とても	23
hóng	红	赤い	29
Hóngbái gē hézhàn	红白歌合战	紅白歌合戦	121
hóngchá	红茶	紅茶	23
hóu	猴	申（さる）	65
hòunián	后年	再来年	39
hòutiān	后天	明後日	39
hǔ	虎	寅（とら）	65
hùshi	护士	看護師	61
huā	花	費やす、お金を使う	93
huáxuě	滑雪	スキーをする	51
huà huàr	画画儿	絵を描く	75
huàjiā	画家	画家	61
huàxué	化学	化学	19
huánjìng	环境	環境	19
huáng	黄	黄色い	29
huángjīnzhōu	黄金周	ゴールデンウィーク	85
huī	灰	灰色の	29
Huī gūniang	灰姑娘	シンデレラ	89
huí	回	帰る、戻る	113
huí jiā	回家	家に帰る	43
huíqu	回去	帰っていく	113
huì	会	（学習や訓練によって）できる	75
huódòng	活动	活動／運動する	51

— J —

pinyin	中文	日本語	頁
jī	鸡	酉（とり）	65
jīdàn	鸡蛋	たまご	37
jǐ	几	幾つ	19
jìsuànjī	计算机	コンピューター	19
jìshìběn	记事本	手帳	33
jìzhě	记者	記者	61
jiā	家	家	57
jiātíng zhǔfù	家庭主妇	専業主婦	61
jiàrì	假日	休日	85
jiānjiǎo	煎饺	焼きギョーザ	121
jiànkāng	健康	健康	121
jiànzhù	建筑	建築	19
jiāo péngyou	交朋友	友達になる	71
jiào	叫	〜という名前だ	15
jiàoshì	教室	教室	57
jié	节	（授業を数える）コマ、限目	47
jiéshù	结束	終わる	47
jiějie	姐姐	姉さん、姉	63
jīnnián	今年	今年	19、39
jīntiān	今天	今日	39
jìnqu	进去	入っていく	89
jīngjù	京剧	京劇	79
jǐngchá	警察	警察	61
jùlèbù	俱乐部	クラブ	51
juéde	觉得	感じる、〜と思う	75

— K —

pinyin	中文	日本語	頁
kāfēi	咖啡	コーヒー	23
kāfēidiàn	咖啡店	コーヒーショップ	37
kāichē	开车	車を運転する	75
kāishǐ	开始	始まる	47
kāixīn	开心	楽しい	93
kàn	看	見る、読む	23、89
kàn shū	看书	本を読む	71
kēhuànpiàn	科幻片	SF映画	99
kě'ài	可爱	可愛い	65
kè	课	授業	47
kèběn	课本	教科書	29
Kěndéjī	肯德基	ケンタッキー	37
kǒu	口	家族の人数を数える	61
kū	哭	泣く	107
kùzi	裤子	ズボン	29
kuài	快	早い	117
kuài~le	快〜了	間もなく〜する、もうすぐ〜する	115
kuàiyào~le	快要〜了	間もなく〜する、もうすぐ〜する	113
kuàizi	筷子	箸	49

— L —

pinyin	中文	日本語	頁
la	啦	〜や	79

lán	蓝	青い	29
lǎojiā	老家	実家、故郷	113
lǎoshī	老师	先生	15
lǎolao	姥姥	（母方の）祖母	63
lǎoye	姥爷	（母方の）祖父	63
le	了	〜した	85
lěng	冷	寒い	117
lí	离	〜から、〜まで	57
lǐpǐndiàn	礼品店	お土産屋	89
lǐwù	礼物	お土産、贈り物	89
lìshǐ	历史	歴史	79
lìshǐjù	历史剧	時代劇	99
liànxí	练习	練習する	51
liángkuai	凉快	涼しい	117
liáo tiānr	聊天儿	おしゃべりをする	71
lǐngdài	领带	ネクタイ	49
liúxué	留学	留学する	79
liúxuéshēng	留学生	留学生	15
lóng	龙	辰（たつ）	65
lúnchuán	轮船	船、フェリー	113
lǚyóu	旅游	観光/旅行する	71
lǜ	绿	緑の	29
lǜshī	律师	弁護士	61

— M —

māma	妈妈	母さん、母	37、63
mǎ	马	午（うま）	65
mǎlāsōng	马拉松	マラソン	51
ma	吗	〜か	15
mǎi	买	買う	37
mǎi dōngxi	买东西	買い物をする	71
màn	慢	遅い	117
mànhuà	漫画	マンガ	99
māo	猫	猫	49
máojīn	毛巾	タオル	93
máoyī	毛衣	セーター	29、49
Méi guānxi	没关系	かまいません	11
Měiguó	美国	アメリカ	15
Měinǚ yǔ yěshòu	美女与野兽	美女と野獣	89
měiyuán	美元	アメリカドル	93
měitiān	每天	毎日	43
mèimei	妹妹	妹	63
Mǐlǎoshǔ	米老鼠	ミッキーマウス	93
mìshū	秘书	秘書	61
miànbāo	面包	パン	37

Mínggǔwū	名古屋	名古屋	57
míngzi	名字	名前	15
míngnián	明年	来年	39、79
míngtiān	明天	明日	39
míngxìnpiàn	明信片	はがき	93
mòlìhuāchá	茉莉花茶	ジャスミン茶	93
Mǔqīn Jié	母亲节	母の日	113

— N —

nǎ	哪	どれ	31
nǎge	哪个	どれ、どの	31
nǎ guó rén	哪国人	どの国の人	15
nǎli	哪里	どこ	39
nǎr	哪儿	どこ	39
nǎxiē	哪些	どれら、どれらの	31
nà	那	それ、あれ	31
nàge	那个	それ、その、あれ、あの	31
nàli	那里	そこ、あそこ	39
nàr	那儿	そこ、あそこ	39
nàxiē	那些	それら、それらの、あれら、あれらの	31
nǎinai	奶奶	（父方の）祖母	63、117
nánpéngyou	男朋友	ボーイフレンド	109
nánrén	男人	男の人	103
nǎr	哪儿	どこ	37
ne	呢	〜は？	61
nèiróng	内容	内容	103
néng	能	（能力的に、条件的に）できる	75
nǐ	你	あなた	15、17
Nǐ hǎo	你好	こんにちは	11
nǐmen	你们	あなた達	17
niánjí	年级	学年	19
niányèfàn	年夜饭	大晦日に一家そろってとる食事	121
nín	您	あなた	17
niú	牛	丑（うし）	65
niúnǎi	牛奶	牛乳	37
nǚ'ér	女儿	娘	63
nǚpéngyou	女朋友	ガールフレンド	103
nuǎnhuo	暖和	暖かい	117

— O —

ǒuxiàng	偶像	アイドル	107

— P —

pá shān	爬山	山登りをする	71
pāi	拍	撮影する	107
páihángbǎng	排行榜	ランキング	107
pànzhe	盼着	～を楽しみにしている	117
pǎobù	跑步	ジョギングをする	51
péngyou	朋友	友達、友人	85
pīpíng	批评	叱る	107

— Q —

qípáo	旗袍	チャイナドレス	93
qí zìxíngchē	骑自行车	自転車に乗る	57
qǐchuáng	起床	起床する	43
qìchē	汽车	車	49
qìgōng	气功	気功	79
qiān	千	千	93
qiānbǐ	铅笔	鉛筆	33
qián	钱	お金	105
qiánbāo	钱包	財布	33
qiánnián	前年	おととし	39
qiántiān	前天	おととい	39
qiǎokèlì	巧克力	チョコレート	93
Qíngrén Jié	情人节	バレンタインデー	113
Qǐng duō guānzhào	请多关照	どうぞよろしくお願いします	11
qiūtiān	秋天	秋	117
qù	去	行く	71
qùnián	去年	去年	37、39
quánjiārén	全家人	家族全員	113
qúnzi	裙子	スカート	29

— R —

ránhòu	然后	それから	43
rè	热	～ブーム	107
rè	热	暑い	117
règǒu	热狗	ホットドッグ	37
rén	人	人	49
rénmínbì	人民币	人民元	93
rénqì	人气	人気	107
Rìběnrén	日本人	日本人	15
rìcān	日餐	日本料理	79
Rìyǔ	日语	日本語	19
rìyuán	日元	日本円	93
rúyì	如意	思い通りになる	103

— S —

sān kè	三刻	45分	45
shāngdiàn	商店	商店、店	37
shàngkè	上课	授業をする、授業にでる、授業が始まる	47
shàngwǎng	上网	インターネットをする	47
shàngwǔ	上午	午前	43、89
shàngxué	上学	登校する	47
shé	蛇	巳（み）	65
shéi	谁	だれ	17、29
shénme	什么	何、どんな	15
shénme shíhou	什么时候	いつ	37
shénshè	神社	神社	121
shēnghuó	生活	生活	121
shēngrì	生日	誕生日	113
shēngwù	生物	生物	19
Shèngdàn Jié	圣诞节	クリスマス	113
shíjiān	时间	時間	105
shítáng	食堂	食堂	57
shì	是	～だ	15
shì	事	こと	109
shìyè	事业	事業、仕事	103
shǒubiǎo	手表	腕時計	33
shǒujī	手机	携帯電話	33
shǒujīliànr	手机链儿	携帯ストラップ	93
shǒujuàn	手绢	ハンカチ	29
shū	书	本	49
shūbāo	书包	かばん	33
shūdiàn	书店	書店	39
shūfǎ	书法	書道	79
shǔ	鼠	子（ね）	65
shǔjià	暑假	夏休み	85
shùxué	数学	数学	19
shuāyá	刷牙	歯を磨く	43
shuìjiào	睡觉	寝る	43
shuō	说	話す、言う	75
sījī	司机	運転手	61
suīrán~, dànshì~	虽然~,但是~	～だが、しかし～	103
suì	岁	～歳	19
suìshu	岁数	年齢	21

— T —

tā	他	彼	17
tā	她	彼女	17
tā	它	それ	17、65
tāmen	他们	彼ら	17
tāmen	她们	彼女達	17
tāmen	它们	それら	17
tàijíquán	太极拳	太極拳	79
Tàiláng	太郎	太郎	65
tán gāngqín	弹钢琴	ピアノを弾く	75
Tánglǎoyā	唐老鸭	ドナルドダック	93
tī zúqiú	踢足球	サッカーをする	51
tǐcāo	体操	体操	51
Tiánzhōng Bǎihézǐ	田中百合子	田中百合子	15
tiàowǔ	跳舞	ダンスをする	71
tīng	听	聞く	23、71
tīnglì	听力	聞き取り	75
tīngshuō	听说	聞くところによると、〜だそうだ	99
tóngxué	同学	クラスメート	89
túshūguǎn	图书馆	図書館	57
tù	兔	卯（う）	65
tùzi	兔子	ウサギ	81
tuījiàn	推荐	勧める	99

— W —

wàzi	袜子	靴下	49
wàiyǔ	外语	外国語	71
wánr	玩儿	遊ぶ	89
Wǎn'ān	晚安	お休みなさい	11
wǎnfàn	晚饭	夕食	43
wǎnshang	晚上	夜、晩	43、89
wǎngqiú	网球	テニス	51
wǎngshàng	网上	ネット上	103
wǎngshàng gòuwù	网上购物	ネットで買物をする	37
wéijīn	围巾	マフラー	29、49
wéiqí	围棋	囲碁	51
wèi shénme	为什么	なぜ、どうして	71
wénhuà	文化	文化	79
wénjùhé	文具盒	筆箱	93
wénxué	文学	文学	19
wǒ	我	私	15、17
wǒmen	我们	私達	17
wūlóngchá	乌龙茶	ウーロン茶	93
wǔfàn	午饭	昼食	43
wǔdǎpiàn	武打片	アクション映画	99
wǔshù	武术	武術	79
wùlǐ	物理	物理	19

— X —

xīcān	西餐	西洋料理	79
xǐhuan	喜欢	好きだ、好む	23
xǐjùpiàn	喜剧片	コメデイ映画	99
xǐliǎn	洗脸	顔を洗う	43
xǐzǎo	洗澡	お風呂に入る	43
xiàkè	下课	授業が終わる	47
xiàwǔ	下午	午後	43、47
xiàtiān	夏天	夏	117
xiānqǐ	掀起	巻き起こす	107
xiànzài	现在	いま	45
xiǎng	想	思う／〜したい	71
xiàngpí	橡皮	消しゴム	33
xiǎo	小	小さい	65
xiǎolóngbāo	小笼包	ショーロンポー	121
xiǎoshí	小时	〜時間	85
xiǎoshuō	小说	小説	99
xiǎoxuéshēng	小学生	小学生	15
xiào	笑	笑う	107
xiě xìn	写信	手紙を書く	47
Xièxie	谢谢	ありがとうございます	11
xīnnián	新年	新年、正月	113
xìnxī	信息	情報	19
xīngqī	星期	曜日	51
xìng	姓	〜という苗字	17
xìngfú	幸福	幸せ、幸福	121
xióngmāo	熊猫	パンダ	23
xǔyuàn	许愿	願いをかける	121
xué	学	勉強する、学ぶ	71
xuéhǎo	学好	習得する	75
xuésheng	学生	学生	49
xuéxí	学习	勉強、学習／勉強する、学ぶ	23
xuéxiào	学校	学校	47

— Y —

yāsuìqián	压岁钱	お年玉	117
yánsè	颜色	色	29
yǎnjìng	眼镜	眼鏡	33

pinyin	中文	日本語	頁
yáng	羊	未（ひつじ）	65
yào	要	要る、かかる	57
yào	要	～しようとする、～したい、～しなければならない	103
yéye	爷爷	（父方の）祖父	63、117
yě	也	も	33
yīfu	衣服	洋服	29、49
yīshēng	医生	医者	61
yīyuàn	医院	病院	61
yídìng	一定	必ず、きっと	65
yígòng	一共	併せて、全部	93
yí kè	一刻	15分	45
yǐhòu	以后	あと、…以後	43
yìbiān~, yìbiān~	一边～，一边～	～しながら、～する	121
yìdiǎnr	一点儿	少し、ちょっと	75
yìqǐ	一起	一緒に	113
yìzhí	一直	ずっと	117
yīnwèi~, suǒyǐ~	因为～，所以～	～なので、～だから	71
yīnyuè	音乐	音楽	23、71
yínháng	银行	銀行	57
yīnggāi	应该	～すべきだ	75
Yīngguó	英国	イギリス	15
Yīngyǔ	英语	英語	19
yīnghuā	樱花	桜	23
yǐngmí	影迷	映画ファン	107
yóujú	邮局	郵便局	57
yóulèyuán	游乐园	遊園地	85
yóuxíng biǎoyǎn	游行表演	パレード	89
yóuyǒng	游泳	水泳をする	51
yǒu	有	～を持っている	33
yǒu yìsi	有意思	面白い	99
yǔsǎn	雨伞	雨傘	33
Yuándàn	元旦	元旦	113、121
yuánzhūbǐ	圆珠笔	ボールペン	33
yuǎn	远	遠い	57
yuè lái yuè~	越来越～	ますます～になる	121

— Z —

pinyin	中文	日本語	頁
zázhì	杂志	雑誌	99
zài	在	～で	37
zài	在	～にある、～にいる	57
zài~shang	在～上	～の方面で、～の上で	103
Zàijiàn	再见	さようなら	11
zǎofàn	早饭	朝食	43
zǎoshang	早上	朝	43
Zǎoshang hǎo	早上好	おはようございます	11
zěnme	怎么	どのように	85
zěnmeyàng	怎么样	どう、いかが	23
zěnyàng	怎样	どのように、どのような	75
zhǎodào	找到	見つかる、見つける	103
zhàopiàn	照片	写真	49
zhàoxiàngjī	照相机	カメラ	33
zhè	这	これ	29、31
zhège	这个	これ、この	31
zhèli	这里	ここ	39
zhèr	这儿	ここ	39
zhèxiē	这些	これら、これらの	31、33
zhēnghūn	征婚	結婚相手を募集する	103
zhèngzài	正在	ちょうど～しているところ	75
zhī	只	匹	65
zhǐ	纸	紙	49
zhīdào	知道	知る	107
zhíyuán	职员	会社員	61
zhǐ	只	ただ、単に	57
zhōngcān	中餐	中華料理	79
Zhōngguó	中国	中国	15
zhōngnián	中年	中年	103
zhōngxuéshēng	中学生	中学生	15
zhōngyú	终于	とうとう、ついに	103
zhū	猪	亥（い）	65
zhù	祝	願う、祈る	121
zhuānmàidiàn	专卖店	専門店	37
zhuānyè	专业	専攻、専門	19
zhǔnbèi	准备	準備する	117
zǐ	紫	紫の	29
zìxíngchē	自行车	自転車	49
zǒngjīnglǐ	总经理	社長	61
zǒngshì	总是	いつも、ずっと	103
zòngzi	粽子	ちまき	121
zǒulù	走路	歩く	57
zuìjìn	最近	最近、近頃	99
zuótiān	昨天	昨日	39
zuòjiā	作家	作家	61
zuò	坐	座る、乗る	85
zuò diànchē	坐电车	電車に乗る	57

zuò fēijī	坐飞机	飛行機に乗る	57
zuò	做	する、やる、作る	43

zuò fàn	做饭	食事を作る	71

著　者
張素芳
許　麗
張小鋼

表紙装画・本文イラスト：池田朱実

初級テキスト ［改訂版］ プラクティカル中国語　音声DL

2013 年 10 月 25 日　初版発行
2025 年 4 月 1 日　改訂版初版発行

著　者　張素芳・許麗・張小鋼
発行者　佐藤和幸
発行所　白 帝 社
　　　　〒 171-0014　東京都豊島区池袋 2-65-1
　　　　電話　03-3986-3271
　　　　FAX　03-3986-3272（営）／ 03-3986-8892（編）
　　　　https://www.hakuteisha.co.jp

組版　柳葉コーポレーション　　印刷・製本　大倉印刷株式会社

© Zhang Sufang / Xu Li / Zhang Xiaogang
Printed in Japan　〈検印省略〉6914　　　　　　　ISBN978-4-86398-618-3

【中国語音節表】

子音\母音	a	o	e	-i	er	ai	ei	ao	ou	an	en	ang	eng	ong	i	ia	ie	iao	iou
b	ba	bo				bai	bei	bao		ban	ben	bang	beng		bi		bie	biao	
p	pa	po				pai	pei	pao	pou	pan	pen	pang	peng		pi		pie	piao	
m	ma	mo	me			mai	mei	mao	mou	man	men	mang	meng		mi		mie	miao	miu
f	fa	fo					fei		fou	fan	fen	fang	feng						
d	da		de			dai	dei	dao	dou	dan	den	dang	deng	dong	di	dia	die	diao	diu
t	ta		te			tai		tao	tou	tan		tang	teng	tong	ti		tie	tiao	
n	na		ne			nai	nei	nao	nou	nan	nen	nang	neng	nong	ni		nie	niao	niu
l	la	lo	le			lai	lei	lao	lou	lan		lang	leng	long	li	lia	lie	liao	liu
g	ga		ge			gai	gei	gao	gou	gan	gen	gang	geng	gong					
k	ka		ke			kai	kei	kao	kou	kan	ken	kang	keng	kong					
h	ha		he			hai	hei	hao	hou	han	hen	hang	heng	hong					
j															ji	jia	jie	jiao	jiu
q															qi	qia	qie	qiao	qiu
x															xi	xia	xie	xiao	xiu
zh	zha		zhe	zhi		zhai	zhei	zhao	zhou	zhan	zhen	zhang	zheng	zhong					
ch	cha		che	chi		chai		chao	chou	chan	chen	chang	cheng	chong					
sh	sha		she	shi		shai	shei	shao	shou	shan	shen	shang	sheng						
r			re	ri				rao	rou	ran	ren	rang	reng	rong					
z	za		ze	zi		zai	zei	zao	zou	zan	zen	zang	zeng	zong					
c	ca		ce	ci		cai		cao	cou	can	cen	cang	ceng	cong					
s	sa		se	si		sai		sao	sou	san	sen	sang	seng	song					
	a	o	e		er	ai	ei	ao	ou	an	en	ang			yi	ya	ye	yao	you

ian	in	iang	ing	iong	u	ua	uo	uai	uei	uan	uen	uang	ueng	ü	üe	üan	ün
bian	bin		bing		bu												
pian	pin		ping		pu												
mian	min		ming		mu												
					fu												
dian			ding		du		duo		dui	duan	dun						
tian			ting		tu		tuo		tui	tuan	tun						
nian	nin	niang	ning		nu		nuo			nuan				nü	nüe		
lian	lin	liang	ling		lu		luo			luan	lun			lü	lüe		
					gu	gua	guo	guai	gui	guan	gun	guang					
					ku	kua	kuo	kuai	kui	kuan	kun	kuang					
					hu	hua	huo	huai	hui	huan	hun	huang					
jian	jin	jiang	jing	jiong										ju	jue	juan	jun
qian	qin	qiang	qing	qiong										qu	que	quan	qun
xian	xin	xiang	xing	xiong										xu	xue	xuan	xun
					zhu	zhua	zhuo	zhuai	zhui	zhuan	zhun	zhuang					
					chu	chua	chuo	chuai	chui	chuan	chun	chuang					
					shu	shua	shuo	shuai	shui	shuan	shun	shuang					
					ru	rua	ruo		rui	ruan	run						
					zu		zuo		zui	zuan	zun						
					cu		cuo		cui	cuan	cun						
					su		suo		sui	suan	sun						
yan	yin	yang	ying	yong	wu	wa	wo	wai	wei	wan	wen	wang	weng	yu	yue	yuan	yun

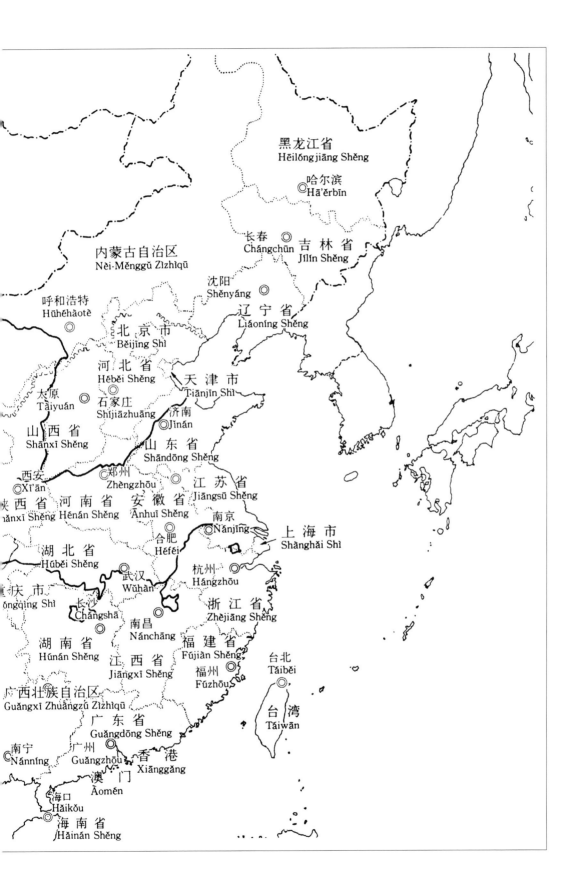